말주변이 없어도
대화 잘하는 법

말주변이 없어도
대화 잘하는 법

김영돈 지음

다연
DAYEONBOOK

Prologue

§

부드럽지만 당당하게, 간결하지만 정확하게 말하라

살인적인 무더위가 기승을 부린 2016년의 여름, 그 끝 무렵에 한 종합일간지의 헤드카피 두 단어가 내 시선을 잡아챘다.

'청년 고독사.'

청년의 고독사라니…. '고독사'가 자꾸만 가슴을 아프게 때린다. 망자가 된 그는 살아생전에 얼마나 소통하고 싶었을까.

세상이 온통 불통이다. 일방적인 침묵으로 불통하고, 일방적인 자기주장으로 불통한다. 그 '일방'이 정말 문제다.

같은 하늘 아래에서 누군가가 침묵으로 생을 내려놓는 사이, 누군가는 무엇인가를 얻고 무엇이 되고자 악다구니를 달변으로 여기며 목소리 높인다. 나는 일선 현장에서 학부모, 학생, 민원인, 그리고 선생님, 공무원 들이 일방적인 대화로 불통하는 모습을 자주 접했다. 이를 보며 '말하는 방법'이 얼마나 중요한지 깨달았다. 한마디 말 때문에 얼마나 많은 사람이 자신의 가치를 드러내지 못한 채 '마음의 감옥'에 갇혀 살아가는지도 알게 되었다. 이러한 경험은 내가 그동안 교육과 행정의 이중구조 속에서 치열히 살아오며 실천해온 말하기 노

4

하우의 밀알이 되었다. 이 책의 제목 '말주변이 없어도 대화 잘하는 법'은 학생, 학부모, 취업 준비생, 직장인 등 그 누구를 막론하고 모두에게 전하고 싶은 나의 간절한 메시지다. 제대로 소통하자고!

주변을 둘러보자. 기성세대는 최선을 다해 좀 더 나은 생활 형편을 이루어놓았지만 기쁨이 없다. 자신을 돌아볼 새도 없이 질풍노도의 신세대에게 상처 입는다. 신세대는 '꼰대' 등의 은어를 앞세우며 기성세대와 갈등한다. 이게 다 통하지 못하기 때문이다. 불통 속에서 학생도, 학부모도, 취업 준비생도, 직장인도, 많은 이가 일상의 즐거움을 누리지 못한다. 삶의 목적, 그 사명을 잃어버린 채 말이다.

그러니 어느 때보다 소통의 롤모델이 절실하다. 그 대상은 또 한 편으로 우리 사회 곳곳에 포진해 있는 '걸작' 같은 사람들이다. 그들에게는 '공동체의식', '상생의 정신', '이타심', '사랑'이 있다. 그들은 이를 바탕으로 당당하고 정확하게 말하며 제대로 소통을 한다.

말주변이 없어서 고민인 사람에게, 대화를 잘 못하여 빈번히 불통하는 사람에게 우선 필요한 것은 '화술'이 아닌, '자신에 대한 각성'이다. 실제로 나는 '당신은 관계에서 얼마나 원만합니까?'라는 화두를 가지고 여러 사람과 상담했다. 그 결과, 사람들은 자신을 잘 알지 못했고, 삶의 목표가 불분명했고, 불편한 마음을 털어놓을 곳이 없었고, 불편한 마음 상태를 방관한 채 그저 견디며 살아가고 있었다. 그들은 나와 함께 그 사실로부터 문제를 풀어나갔다. 효과적이고 원활한 소통에 앞서 선행되어야 할 것은 바로 이러한 자기 인식이다. 말본새가 곧 그 사람이다. 소통은 결국 '말하는 기술이 아닌, 자신의 성품을 깨닫고 이를 잘 다루는 지혜'다.

이것이 이 책의 출발점이다. 이를 토대로 '인기 있는 사람의 대화법', '사람을 사로잡는 첫인상 대화법', '상대를 내 편으로 만드는 경청의 기술', '말주변 없는 사람을 위한 전략적 대화법', '인생을 바꾸는 말의 기술' 등 총 5장에 걸쳐 '말주변이 없어도 사람들과 제대로 소통하는 법'을 수록했다.

《말주변이 없어도 대화 잘하는 법》은 2016년 가을, 하고 싶은 말을 가슴에 담아두고 30년 옹알이를 하다가 써낸 첫 책이다. 첫 책의 감응 때문인지 공감, 이해, 경청, 열린 질문, 마음 치유, 의사소통, 위로 그리고 무엇보다 주위를 둘러보기 전에 '수고한 나'를 위로하는 일이 내 삶의 루틴에 스며들었다. 개정판에서는 5년간 새로이 다가온 만남과 초판에서 발견하지 못한 오류 문장 등을 일부 수정했다.

5년 전 '걸작' 같은 이웃들은 여전히 내 주변에서 조금씩 성장하고 있다. 당신들은 꽃이며 내 삶의 동력이다. 당신들에게 다시 한번 고맙다는 말을 전하고 싶다.

낙방의 고배를 마시고도 호탕하게 웃는 삼촌 당신에게, 돈이 없어도 움츠러들지 않는 아버지 당신에게, 좋은 딸 혹은 당당한 아들 또는 자상한 남편 그리고 어진 아내이고 싶은 당신에게, 눈물이 나도 소주를 마시며 다시 일어서는 당신에게, 세상에 분노하면서도 사랑하는 사람을 먼저 기억하는 당신에게, 이를 악물고 참아준 당신에게, 포기하지 않은 당신에게, 할 말이 있어도 참고 견디어준 당신에게, 말주변이 없어도 친구가 되어준 당신에게, 고맙고 또 감사하다. 그리고 사랑한다!

2016년 10월, 5년 전 하늘은 맑고 투명했다. 책은 많은 독자의 사랑을 받았다. 그러나 우리는 여전히 소통하는 데 어려움을 겪고 있다. 질문하기보다는 지적하는 데 익숙하고, 경청하기보다는 주장하는 데 더 바쁘다. 책을 출간하고 나서 '변화를 돕는 의사소통카드'를 활용하여 시설거주 노숙인을 상대로 재능기부를 하고 있다. '내가 당신을 계속 걱정해도 될까요?' 하는 질문으로 상처받은 마음들과 5년째 교감 중이다. 서로에 대한 '공감과 이해', '반영적 경청', '열린 질문', '인정하기' 등이 여전히 갈급한 상황이다. '5년 후, 내가 나에게'라는 화두를 통해 5년 단위로 나 자신을 성찰해 나아가고자 한다. 신영복 선생은 '여윈 바늘 끝이 떨고 있는 한 바늘이 가리키는 방향을 믿어도 좋습니다'라며 흔들림을 멈추지 말 것을 주문했다.

통하지 못한 이웃은 여전히 아프다. 많이 아플 때는 종종 내가 보이지 않는다. 언제나 그곳에 만나고 싶은 당신이 있다. 나는 다시 5년을 기약하며 '장인, 맛집, 프로'로 살아가는 이웃들을 꿈꾼다. 맨발로 달려가고 싶은 그런 이웃들을 향하여 움직이는 당신에게 이 개정판을 드리며 응원한다.

'바람이 언제나 그대 등 뒤에서 불기를, 햇살은 언제나 그대 얼굴을 따스하게 비춰주기를…'

2023년 12월
서로의 가슴에 스미는 살아 있는 응원군이 되기를

逍遙 김영돈

Contents

Prologue

Ch.1 인기 있는 사람의 대화법

Ch.2 사람을 사로잡는 첫인상 대화법

Ch.1

인기 있는 사람의 대화법

인기 있는 사람은
대화법이 다르다

한 대학생이 사이버 상담실 게시판에 하소연을 늘어놓았다.

'고민하다 분한 마음에 올립니다. 이런 일이 나한테 일어나다니! 이건 완전, 가뜩이나 편한 말 상대가 하나둘 떨어져 나가 걱정인데 하나 남은 친구마저 나를 배신했어요.

고등학교 때부터 계속 친하게 지내던 친구였어요. 얘랑 함께 우리 과 친구랑 밥을 한 번 먹었거든요. 한 번밖에 만나지 않았는데 나만 빼고 지들끼리 절친이 되어버렸어요. 내가 저한테 해준 게 얼만데. 친구들 다 떠나도 얘만은 나를 잘 이해해줄 줄 알았는데 카톡방에서 나만 빼고 지들끼리 놀고 있더라고요. 거기다 완전 빡치는 일! 솔직히 새로 만난 우리 과 애는 나보다 말발도 없고, 얼굴도 껌이고, 학점도 발바닥에 과제 발표 때 말도 못 하거든요.

이거 있을 수 있는 일인가요? 도저히 잠을 잘 수가 없어요. 오래 안 가겠죠? 어떻게 사람이 3년 만난 친구보다 한 번 만난 사람하고 더 친해질 수 있죠? 나 혼자 허공에 떠다니는 느낌! 이거 쾌씸해서 참을 수가 없어요. 왜 이렇게 열받죠? 한마디로 말해주세요. 내가 열받는 이유. 정말 답답해 죽을 거 같아요. 친구한테 뭐라고 하죠?'

인기 없는 사람들은 항상 문제의 원인을 타인 탓으로 돌린다. 그렇기에 그들의 하소연은 답답하다 못해 불편하다. 말투는 또 어떤가? 지루하고 상투적이어서 들어주는 사람에게도 부담을 준다. 사이버 상담을 요청한 학생의 경우, 친구들이 등을 돌리는 이유는 무엇일까? 나는 그 학생의 질문에 이렇게 답했다.

'친구를 찾기보다 친구가 되는 것을 고민해보세요.'

인기 있는 사람들은 독특하다. 그 특이한 개성은 참신할뿐더러 매혹적이다. 그들은 생동하는 자신만의 색깔로 자기 생각을 명확하게 표현한다. 그러다 보니 이름이 언급될라치면 사람들은 '아하, 그 사람!' 하며 말투 등 그의 이미지를 즉각적으로 떠올린다. 마치 인기 있는 브랜드처럼 말이다.

인기 있는 사람의 대화법은 확실히 남다르다. 그들은 하나같이 '그만의 빛', '그만의 가치', '그만의 개성'으로 사람들을 사로잡으며 영향을 미친다.

과연 어떤 대화 방식을 취해야 강력한 영향력을 행사하면서 인기를 얻을 수 있을까? 우선 자문해보자.

'나는 인기 있는 사람인가?'

일상에서 좀처럼 기쁨이 없고 주변인 누구 하나 나의 가치를 알아주는 사람이 없다면, 인기는 둘째 치고 존재감조차 없다면, 이참에 내 안의 숨은 보석부터 캐내보자. 그 시작점이 바로 '말본새'다.

많은 이가 '인기인'과의 친분을 자랑스러한다. 그러다 보니 두세 다리를 걸쳐서라도 인기 있는 사람과 엮이려 한다. 그럼으로써 능력, 외모, 배려심 등을 겸비한 그 인기인과 같은 레벨임을 과시하려 든다. 하지만 대개 그 본심을 대놓고 드러내지는 않는다. "인기 있는 사람을 좋아하세요?"라고 물어볼라치면 아이러니하게도 많은 경우 고개를 젓는다.

언젠가 지인과 대화하던 중 유명인사 이야기가 나왔다. 그는 인기 있는 사람을 좋아하지 않는다고 말했다. 한때 전성기를 구가하던 연예인, 정치인, 청와대 고위간부, 대기업 2세들을 쭉 거론하고는, 앞뒤가 다른 그들의 언행에 정나미가 떨어졌단다. 인기 항목의 필수 덕목인 '일관성'의 부재를 꼬집는 것일 터였다.

그는 슬슬 삼천포로 빠졌는데, "인기가 밥 먹여주느냐?"며 인기를 놓고 비아냥댔다. 사실, 그는 인기가 없는 인물이었다. 그가 말했다.

"난 인기에 영합하여 고달프게 살고 싶지 않아."

하지만 그는 사실 하나를 간과했다. 인기에 영합하여 고달프게 사는 사람은 정작 인기가 없다. 인기 있는 사람은 인기를 찾아 헤매지 않는다. 그저 사람들이 자신을 찾아오게 만들 뿐이다. 그들에게는 그런 힘이 있다.

주변에 인기 있는 사람을 둘러보라. 가족, 친구, 직장 동료 중에서 인기 있는 사람의 말본새를 보라. 그들의 말에는 목표가 뚜렷하게 실려 있다. 태도에 생기가 있다. 무엇보다 겸손하고 침착하다. 그러니 평판이 좋을 수밖에 없다. 그들을 두고 인기 없는 사람들은 자주 이렇게 말한다.

"인기가 밥 먹여줘? 그거 유지하려면 얼마나 힘들겠어? 남 눈치 보며 노심초사 위선적으로 사는 모습, 그런 거 난 싫다!"

그런데 과연 그런가? 인기 있는 사람들은 인기로 밥을 먹을 뿐만 아니라 남의 눈치도 보지 않고 온전히 자신의 모양대로 자기답게 살아간다.

내 주변에 인기인 윤민선 씨가 있다. 그는 한마디로 잔머리를 굴리지 않는 인물이다. 교회에서 식당 봉사를 하면 음식물 찌꺼기 청소, 막힌 수챗구멍 뚫기 등 궂은일에 발 벗고 나선다. 그런 와중에 그는 지나가는 사람을 그냥 흘리는 법이 없다. 먼저 인사를 하며 기분 좋게 넉살을 피운다.

"안녕하세요, 집사님? 요즘 어떠세요? 아이고, 젊어지셨어요."

꽤 잘나가는 한 독일 기업의 이사인 그는 단 한 번도 자신을 내세운 적이 없다. 어느 날 내가 그에게 물었다.

"사람을 채용하는 기준이 있나요?"

"예. 저는 기본을 통과하면 딱 하나, 성품만 봅니다. 면접 때 말하는 모습을 보면 알 수 있죠. 그걸 어떻게 아느냐고요? 질문에 답하는 말본새를 보면 알 수 있어요. 제대로 된 사람들은 겸손하면서도 당당하죠. 말과 행동이 일치하는 사람은 눈을 보면 알 수 있어요. 스펙으로 지원하는 사람들, 회사에서 기술이 필요하여 채용하는 경우가 있긴

해요. 하지만 대체적으로 선호하지는 않아요. 기술만 보고 채용한 사람은 향후 일을 배운 뒤 회사를 떠나기 일쑤거든요. 제가 채용한 직원은 한 사람도 실망시키지 않았어요."

그와 이야기를 나누자면 막힘이 없다. 인기인 윤민선 씨는 한마디로 걸작이다.

거듭 말하지만 인기 있는 사람은 대화법이 다르다. 그들은 '자신의 말'을 함부로 다루지 않는다. 먼저 말하지 않고 상대의 말을 충분히 듣는다. 상대의 말 흐름을 반영하며 겸손하게 말한다. 핵심을 짚어 정확히 간결하게 말한다. 유머를 곁들여 즐거운 대화를 이끈다. 타인을 험담하지 않는다. 말마디마다 긍정의 에너지를 담는다. 자기 의견을 적절히 드러내며 당당히 말한다. 다양한 주제에 걸쳐 생각과 감정을 표현하며 활기찬 대화를 유도한다. 대화하는 데에서 항상 상대를 배려한다.

인기 있는 사람을 만나고 나면 힘과 용기가 생긴다. 심지어 으쓱해진다. 왜 그런가? 그들로부터 존중받는 느낌을 받기 때문이다. 인기 있는 사람은 귀를 열어 상대가 마음껏 말할 수 있도록 장을 펼쳐준다. 난감한 질문을 받았을 때도 불쾌감을 표하는 대신 질문을 통해 질문자 스스로 깨닫게 한다. 인기 있는 사람은 이러한 대화법을 일관성 있게 구사하며 발전시킨다. 인기 있는 사람을 만나는 일은 그래서 즐겁고 행복하다.

일전에 아들을 데리고 소설가 은희경의 《소년을 위로해줘》 북콘서트를 다녀왔다. 그때 은희경 작가가 내 아들에게 말했다.

"내 얘기 재미 하나도 없지? 우리 아들도 조금 읽다가 집어치워. 그래도 홍대서 유명한 가수 봤으니까 됐지?"

인기 있는 사람과의 만남은 그것이 직접적 만남이든 책·TV·인터넷·신문 등을 통한 간접적 만남이든, 사적인 만남이든 공적인 만남이든 상관없이 늘 설레고 감동적이다. 대통령 선거철마다 후보자들이 왜 김지하, 이외수, 황석영 같은 인기 작가들을 찾는가? 인기인의 말 한마디에는 사람을 움직이는 힘이 있기 때문이다.

부, 명예, 영향력 모두를 가진 인기인이 되고 싶은가? 그렇다면 지금부터 그들의 대화법을 본격적으로 하나씩 배워보자.

어떤 경우에도
유머를 잃지 않는다

군 복무를 마친 이들이라면 누구나 한바탕 거품 물었을 유격 훈련! 그 과정에는 야간 담력 훈련도 포함되어 있다. 이는 한밤중에 산을 넘는 것으로, 유격 훈련병 올빼미들은 5분 정도의 간격을 두고 이동해야 한다. 그 동선 곳곳에는 동굴, 상엿집, 폐가 등이 섬뜩하게 자리해 있다. 그중 압권은 기어서 지나가야 하는 10미터 남짓의 동굴이다. 사람 하나 지나갈 만한 크기의 동굴은 굴곡이 심한 데다 스치는 족족 모골이 송연해진다. 동굴 여기저기에 수작을 걸어놓은 소품들, 이를테면 무슨 뱀 껍질 같은 느낌의 것들이 무릎, 머리, 손을 자극하며 극도의 공포감을 불러온다. 3미터 정도 지나갈 무렵, 다리를 확 낚아채는 손 하나가 등장한다. 담력 훈련을 하던 당시, 나는 그 손 때문에 오줌을 질금 지렸던가. 그때 공포감을 털어내기 위해 내뱉은 말이

"저 죄송하지만 제가 무좀이 심합니다"였다. 동굴 한쪽에서 "아휴, 냄새!" 하며 폭소가 터졌다.

이렇듯 유머에는 두려움과 공포를 이겨내는 힘이 있다. 유머는 고도의 지성에서 나온다. 규격에서 벗어나 삐뚤어지는 것이다. 하지만 이 삐뚤어짐은 사람을 감동시키고 상상력을 자극하여 시련을 극복하는 힘이 된다. 또한 일 때문에 지쳤을 때 피로에 휩쓸리지 않고 이겨내는 방법이 된다.

나는 이 삐뚤어지는 방식으로 건강 위기를 극복하며 살아왔다. 평소 앉는 자세가 좋지 않았던 나는 결국 허리디스크 3기 진단을 받았고, 수술을 해야 하는 지경에 이르렀다. 디스크가 신경을 압박하기 시작하여 증세가 극에 달하면, 마약이라도 찾고 싶을 정도로 그 고통은 상상을 초월한다. 앉을 수도, 바로 누울 수도, 옆으로 돌아누울 수도 없다. 그나마 통증이 가장 덜한 때가 걸어 다니는 순간이다. 그래서 나는 쉬지 않고 걸어 다니는 좀비 씨처럼 계속 움직여야 했다. 그러던 어느 날, 한방병원의 의사 선생님은 등 근육이 약해진 것이 통증의 가장 큰 원인이라고 했다. 그러면서 이렇게 처방했다.

"절대 수술하지 마세요. 통증을 참을 수 있을 만큼만 치료하세요. 통증을 참을 수 있으면 등 근육 강화 운동을 하세요."

그가 제안한 것은 놀랍게도 헬스였다. 그 덕분에 나는 운동을 두 배 이상 하게 되었고 수술 없이 디스크를 말끔히 극복했다. 허리 통증을 극복하고 싶다면 누워 있지 말고 허리 운동을 하자. 이것이 바로 삐뚤어지는 방식의 힘이다. 유머 역시 이러한 맥락으로 이해하고 구사하면 된다.

유머에는 슬픔을 치유하는 힘이 있다.

"고인은 살살이로 불리시며, 꽁생원 상경기, 울기는 왜 울어, 유행어로 붐빠라붐빠 붐빠빠, 인천 앞바다에 사이다가 떴어도 고뿌가 없으면 못 마십니다. 산에 산에 산에 사는 산토끼야, 깡충깡충 뛰면서 어디 가느냐, 학교 종이 땡땡 친다, 어서 가보자, 선생님이 문 앞에서 기다리신다, 새 나라의 어린이들은 일찍 일어납니다, 잠꾸러기 없는 나라 이 나라가 좋은 나라, 너도나도 불조심 꺼진 불도 다시 보자, 쿵자가 장장 쿵장장 등 많은 유행어를 남기시고…"

코미디언 서영춘 씨의 장례식에서 조사를 낭독하던 후배는 고인의 생전을 회상하며 숙연하기만 했던 자리를 유쾌하면서도 진심을 담은 명복의 자리로 바꿔주었다.

인기 있는 사람에게는 유머가 있다. 유머의 메커니즘에 기반한 창조적인 사고로 성과를 창출하고, 유머로써 타인을 즐겁게 한다.

한때 나는 새로 발령 난 근무지에서 딱히 인사도 없이 슬그머니 눈치를 보며 생활했다. 그렇게 얼마나 흘렀을까. 나는 기대도 없고 활력도 없는 생활에 젖어들었다. 때로 낯을 붉히고 때로 불같이 화를 내며 갈등하면서 그저 견디는 직장생활에 타성이 붙어버린 것이다. 그 원인은 지나친 진지함 때문이었다. 2008년, 오랜 지방생활을 끝내고 수도권의 신설 학교로 근무지를 옮겼다. 그때 나는 사람들의 화려한 스펙과 전문성에 기죽지 않으려고 지나친 진지함으로부터 삐뚤어지기로 결심했다. 나는 인사말을 자청하고 말에 유머를 풀었다.

"나와 함께하는 이 순간부터 여러분은 이만큼 더 행복해질 것입니다. 나는, 밥이 맛있는 사람입니다. 함께하는 동안 술도 맛있어지기를 바랍니다."

직장생활의 갈등이 줄어든 것은 말할 나위도 없다. 유머가 사람의 마음을 열어준 것이다.

유머에는 사람을 감동시키는 힘이 있다. 한번은 일산에서 아들을 태우고 성남으로 돌아오다 엉뚱한 길로 들어섰다. 나는 과감히 불법 유턴을 했고, 경찰관은 단호히 내 차를 잡아 세웠다.

"여기 노란선 안 보입니까? 범칙금 육만 원입니다. 면허증 제시하세요."

그때 나는 엄지를 세우며 넉살을 부렸다.

"의리~! 경찰복이 잘 어울리세요. 정말 죄송합니다. 일산에서 기숙사생활을 하는 아들을 빨리 집으로 데려가 놀아주려는 마음에 서둘렀습니다. 면허증도 잊고 올 만큼…."

경찰관이 조수석에서 빤히 바라보고 있는 아들과 시선을 맞추더니 물었다.

"아빠 좋아?"

"네, 킹왕짱으로요."

경찰관이 말했다.

"그럼 이렇게 말해라. 오늘 주말이니까 아빠한테 육만 원어치 치킨 사달라고, 알았지?"

인기 있는 사람은 어떤 경우에도 유머를 잃지 않는다. 그래서 그들을 만나면 항상 즐겁다. 유머 앞에서는 삶의 무거운 짐들마저도 가벼

워지는 느낌이 든다. 함께 웃다 보면 태산 같던 삶의 무게도 별것 아니라는 생각이 든다. 유머 감각이 없는 사람은 어깨에 힘이 잔뜩 들어간 야구선수와 다를 바 없다. 유머가 없다는 것은 여유가 없다는 뜻이고, 위기관리 능력이 부족하다는 의미이다.

유머는 인생살이를 하는 데에서 아주 요긴한 강력 무기다. 긴장되고 어색한 자리를 밝혀주고 상대의 마음을 편안하게 해준다. 세련되고 적절한 유머는 지적인 이미지를 강화해준다. 상대의 허를 찌르는 '한방 유머'는 사람들을 사로잡는다. 사람들을 행복하게 만들어준다. 이것들이, 우리가 일상에서 유머를 잃지 말아야 할 이유다.

겸손하게
말한다

'삶이란 겸손을 배우는 긴 수업 시간'이라는 말처럼, 겸손한 사람은 자기를 낮춤으로써 매 순간 변화를 맛보기 때문에 공부를 멈추지 않는다.

"누가 땅콩을 껍질째 손님한테 주나? 이게 무슨 서비스야?"

"부사장님, 매뉴얼에 있는데요. 이렇게 매뉴얼이 있고 이 매뉴얼은 부사장님의 지시로 만들었습니다."

"당신은 뭐가 문제인지 알아? 건방, 그 시건방이 문제야. 어디다 매뉴얼을 들이대?"

누구나 알고 있는 모 항공사 땅콩 회항 사건의 대화 내용이다. 갑들의 말이 우리 사회에 논란이 되고 있다. 모 회사 부사장의 말본새를 한번 보자.

"야, 이 쓰레기야! 그것도 못하면서 왜 들어왔어? 백미러 접고 운전해!"

그는 일하고 있는 사람의 후임을 버젓이 대기시켜놓고 사람을 썼다고 한다.

인류가 이제까지 생존할 수 있었던 바탕에는 '평판'도 한몫했다. 교만한 인물은 사람들에게 배척당한다. 이것이 바로 인류가 생존해온 원리다. 말은 입에서 나오는 게 다가 아니다. 성품에서 우러나오는 것이다. 성품은 인격, 가치관, 삶의 경험 등 모든 것이 집약되어 형성된다. 평판 속에는 겸손과 교만이라는 두 개의 씨앗이 있다. 겸손의 씨앗은 싹이 되어 열매를 맺지만 교만의 씨앗은 속절없이 썩어간다.

겸손한 사람은 간결하고 꾸밈없이 말한다. 누군가 "공직생활을 하면서 가장 힘든 게 무엇이냐?"라고 묻는다면 나는 각종 행사의 의전, 그중에서도 인사말 문제를 꼽을 것이다. 퇴임식, 지역사회 체육 행사, 지방자치단체 축제 개막식, 각종 공청회 등등에서 끝없이 이어지는 게 국회의원, 지역유지 들의 인사말이다. 그들의 말은 대개 '내가 이렇게 했으니 기억하라'는 식의 메시지다. 물론 공식적인 자리에서 마이크를 주며 '한 말씀' 권하면 누구나 없던 생각까지 동원하고 싶은 게 인지상정이다. 그러나 인사말은 짧고 반갑게 해야 한다. 겸손을 내팽개친 채 자기 과시하듯 말을 늘이면 늘일수록 인사말의 의미는 퇴색된다.

사실, 나 역시 말할 때 이유를 대며 구구절절 내 자랑하기를 좋아했다. 시련을 겪었을 때는 내가 얼마나 어려웠는지, 그럼에도 잘 견뎌낸

나를 알아달라는 마음에 장황히 설명했다. 그러다 보니 '나를 알아달라'는 메시지는 종종 사람들에게 지루함이라는 고역을 안겨주곤 했다. 자연히 "알았으니 제발 그만! 짧게 좀 해" 혹은 "알고 보니 자기 자랑인 거야" 하는 식의 지적을 많이 받았다. 그러나 이 습관은 쉽게 고쳐지지 않았다.

1999년부터 한일월드컵이 열린 2002년까지 4년여 기간 동안, 축구 동호회 총무를 맡을 때의 일이다. 처음 6명이었던 회원이 어느덧 50여 명으로 급속히 늘었다. 축구 문외한이었던 내가 축구 동호회를 만든 이유는 나도 운동이라는 걸 시작해야겠다는 생각에서였다. 당시 나는 지독한 골초였다. 골초의 폐활량은 불 보듯 빤할 터! 운동장을 5분 뛰고 나서 느낀 절망감은 이만저만이 아니었다. 하늘은 노랗고 입에서는 고무 탄내가 났다.

그 동호회에서 나는 의외의 큰 깨달음을 얻었다. 사람들은 겸손하게 말하는 이에게 호감을 산다는 사실을 말이다. 경기 뒤 회원들이 먹고 남긴 음식물 쓰레기를 치우는 일은 고스란히 총무의 몫이다. 그때 모두 떠난 운동장에서 끝까지 남아 뒷정리를 돕는 사람들이 있었다. 그들은 하나같이 겸손한 말투로 회원들에게 인기가 있었다.

"제가 더 해드릴 것은 없나요?"

"오늘 정말 즐거웠습니다."

"이렇게 준비하느라 고생이 많으셨겠어요!"

그들은 짧은 인사말과 긴 배려를 습관적으로 가지고 있었다. 회장, 고문, 이사 등의 직함을 가지고 있었으나 인사말을 하는 것 등 격식을 차려 하는 일을 꺼렸다. 그들은 그저 운동에만 집중해주었다. 이게 축구 동호회 회원이 1년여 만에 열 배 이상 늘어난 이유지 싶다. 경기 시작 전 "우리는 아마추어다. 아마추어는 즐기는 사람들이다" 정도의 당부 외에 불필요한 말은 아예 의전에서 생략했다. 그렇게 축구 동호회는 초·중등교사에부터 일반 공무원, 간부 직원 등 모든 직종의 사회인을 아우르며 직장생활에 활력을 선사했다.

- 어떤 경우에도 나를 드러내지 않는다.
- 나의 말로 표현한다.
- 사람들에게 해준다는 말을 삼간다.
- 줄 거면 아낌없이 준다.
- 정성을 다해 말한다.

내가 축구 동호회 총무로 활동하면서 체화한 지침들이다. 나는 그 후 별명이 아예 총무가 되었지만, 총무라는 직함이 사실은 이 사회를 움직이는 '겸손한 사람들'의 다른 이름임을 알게 되었다. 재무, 인사, 의전 등 갖가지 자질구레한 일을 모두 감당하는 사람을 일컬어 흔히 '총무'라고 부른다. 주변에 총무를 맡은 이들을 눈여겨보라. 겸손하다. 그래서 평판이 좋다. 또 그래서 사람들에게 인기가 있다. 물론 그들은 하나같이 인기에 연연하지 않는다. 언뜻 보기에 피곤한 인생 패턴을 그리며 수발을 드는 약한 존재일 듯하나 실상 그들은 삶의 집중력 면에서 가장 행복한 사람들이다.

에이브러햄 링컨은 사람들의 장점을 최대한 끌어내는 능력이 있었다. 근처 인재들이 자신의 의중을 모른다 해도 그들을 함부로 판단하거나 비판하지 않았다. 오히려 그들이 잘한 일들을 칭찬하며 격려해주었다. 그리고 그들 각자가 자유의지에 따라 행동할 수 있도록 도왔다. 그는 많은 사람의 존경을 받고 인정받는 대통령이었지만, 그런 것들이 왜 자신에게 오는지 의아해했다. 그는 자신이 한 일에 대해서 단한 번도 "내가 이런 일을 했다"라고 말한 적이 없다. 그는 겸손이 몸에 밴 인물이었다.

휴렛패커드의 공동 설립자 데이비드 패커드 역시 겸손한 인물로 유명하다. 그는 언제나 친절하게 행동하며 겸손을 미덕으로 삼았기에 경쟁자들도 그를 존경했다. 그는 행사를 위한 의식이나 절차를 싫어했고 사람들이 자신에게 관심을 갖는 것조차도 탐탁치 않아 했다. 성공했음에도 그 공을 자신을 제외한 모든 사람에게 돌렸다. 그의 리더십을 놓고 쉽게 비난하거나 따라 할 수가 없었다. 왜냐하면 비난하거나 따라 하려 그를 찾으면 그는 언제나 그 자리에 없었기 때문이다.

교만한 사람은 '이다음에 내가 돈을 벌면', '이다음에 잘되면' 하면서 자기 앞의 시간을 피해간다. 그러나 그가 피해간 시간은 '이다음에' 존재하지 않는다. 그의 성과는 언제나 '다음'의 기약 없는 시간 속으로 날아간다. 교만하게 말하는 사람은 현실에 만족이 없지만 겸손하게 말하는 사람은 지금 감사하는 사람이다. 겸손한 사람이 멈추지않고 배움을 지속하는 이유는 매 순간 변화의 신선함을 맛보기 때문이다.

앞서 슬쩍 내비쳤듯이 나는 운동에 문외한이었다. 세상의 고뇌를 다 끌어안은 양 줄담배를 피우고 술을 퍼마시며 몸을 혹사했다. 매일

들이닥치는 현실을 비판하며 꿈을 잃고 살았다. 그러나 우연히 시작한 '총무의 경험'으로 나는 꿈을 꿀 수 있었다. 생산적인 배움을 시작하게 된 것이다. 작가가 되고자 일기로 습작을 시작했고, 축구로 비축된 체력으로 테니스라는 새로운 운동에 도전했다. 어느 순간부터인가 나는 스포츠인이 되어 있었다. 함께 땀 흘리고, 상대를 배려하는 게임의 법칙도 알게 되었다. 하물며 '티 내지 않는 희생의 힘'을 깨달은 것은 내 인생의 값진 선물이다.

내게는 세 가지 자산이 있다. 그것은 상냥함, 검소함, 그리고 나를 내세우지 않는 겸손함이다.

나는 노자의 이 말을 책상에 붙여놓고 행동 지표로 삼았다. 지금 내가 하는 '겸손한 말의 씨앗들'은 그때부터 시작되었다.

인기 있는 사람은 겸손하게 말한다. 겸손의 사전적 의미는 '남을 존중하고 자기를 내세우지 않는 태도가 있음'이다. 물론 미래에 대한 비전 부재로 자신감이 없는 그런 무조건적인 겸손은 겸손이 아니다. 드러나지 않게 자신을 높일 줄도 알아야 한다. 그래서인지 인기인을 만나기란 쉽지 않다. 자신을 드러내지 않기 때문이다. 그들은 그저 좋은 평판으로 살아가고 있을 뿐이다.

"유명인 치고는 참 소탈하고 서민적이던데요? 사람을 편하게 하는 매력이 있었어요."

이런 평판을 받는 인물은 지금 겸손한 말로 인기를 얻고 있는 사람들이다. 좋은 평판은 겸손한 말솜씨에서 비롯된다. 천만배우 황정민, 오달수를 보라. 소감을 밝힐라치면 "사랑합니다"로 시작하여 "우리 아내 그리고 아들 사랑하는 스태프들에게"로 옮아가고 "그분들의 노고를 내가 대신 수상합니다"로 끝맺는다.

　명심하자. 겸손하게 말하는 사람이 인기 있는 이유는 바로 이 한마디 때문이다.

　"믿어주신 당신 덕분입니다!"

핵심을 짚어
짧게 말한다

"땅에 닿을 만큼!"

이는 "사람의 다리 길이가 어느 정도면 적당할까요?"라는 질문에 응한 에이브러햄 링컨의 명언이다.

스티브 잡스는 스탠퍼드대학교 졸업식 축사에서 강력한 마무리 한 마디로 사람들의 마음에 불을 지폈다.

"항상 갈망하며, 우직하게 나아가라(stay hungry, stay foolish)!"

버락 오바마는 긍정의 말 한마디로 미국의 지도자가 되었다.

"그래요, 우리는 할 수 있습니다(Yes, we can)!"

그렇다. 촌철살인(寸鐵殺人)의 짧은 말은 인기를 만들어주고, 인기는 화자(話者)를 위대한 리더로 만들어준다.

대개 말이 길어지는 이유는 전달할 내용을 본인 스스로가 정확히 이해하지 못했거나 전달하는 데에서 자신감을 상실했기 때문이다. 일단 상대가 못 알아들을 것 같기 때문에 장황해지는 것이다. 길게 늘어지는 말버릇은 결정적인 순간에 낭패를 불러온다. 이런 언습을 가진 이들의 마음속에는 기본적으로 '혹시?'의 불안감이 깔려 있다.

"혹시 몰라서 말씀드리는 건데요….'

이는 말이 긴 사람들의 전매특허다. 상대가 묻지도 않았는데 이 말을 시작으로 이런저런 변명을 장황히 늘어놓는다. 이로 말미암아 대화 분위기는 늪에 빠지고, 이미지는 망가지고, 심지어 비즈니스의 경우 일이 틀어진다.

이제 말하기에서 '핵심만 짧게 말하는 것이 인기를 끄는 이유'를 생각해보자.

누구나 확인 가능한 맛집을 예로 들어보자. 짬뽕집이다. 짬뽕의 핵심은 국물이다. '뽕의 전설'이라는 짬봉집이 있다. 누구든 이 집 짬뽕을 맛보기 위해서는 번호표를 부여받고 대기실에서 죄수처럼 죽치고 앉아 기다리는 수모를 감수해야 한다. 그러나 그런 수모는 짬뽕을 맛볼라치면 단번에 날아간다. 그러니 이 집에는 늘 손님이 들끓는다. 그 국물 맛 때문에 말이다. 짬뽕집으로 성공하려면 이렇게 말할 수 있어야 한다.

"우리 집은 국물이 끝내줍니다.'

'산당'이라는 한식집이 있다. 부드러운 좁쌀현미죽, 야생에서 채취한 야채샐러드, 녹차에 잰 돼지고기 바비큐, 녹두전, 고수나물, 감자와 호박완자, 회무침, 생강채, 연근튀김, 달맞이게 등의 전채 요리가 정갈하게 나온다. 손님의 건강을 생각해 몸에서 흡수하는 속도에 맞춰 내온다고 한다. 속을 다스린 다음에야 비로소 메인 음식 한상이 나온다. 포기째 말아둔 김치, 파인애플을 갈아 만든 백김치, 매실장아찌, 그리고 잘 숙성된 된장찌개와 간장게장, 수수와 밤과 은행이 들어간 돌솥 한정식이 그것이다. 얼핏 봐도 여느 한식집과 다르지 않은 메뉴다. 오히려 더 적을 수도 있는 한상이지만 음식 하나하나에 들어간 정성이 남다르다. 그렇다면 이 한식집의 핵심은 무엇일까? 그렇다. 밥이다. 그래서 이 집을 찾는 손님들은 하나같이 감동을 맛본다. 한식집으로 성공하려면 이렇게 말할 수 있어야 한다.

"우리 집은 밥이 끝내줍니다."

'산촌보리밥'이라는 보리밥집이 있다. 이곳에 가면 탱글탱글한 꽁보리밥 한 끼가 나무 그릇에 담겨 나온다. 이 보리밥에 우거지들깨무침, 상추무침, 해초 두부무침, 야채두부무침, 그리고 고사리, 콩나물, 생채나물, 고추장, 참기름 등을 넣어 비벼먹고 나면 기분까지 상쾌해진다. 이 집 또한 늘 손님들의 발길이 끊이지 않는다. 수많은 건강식 밥집이 있지만 유독 이 집이 손님을 끄는 이유는? 그렇다. '찰진 보리' 때문이다. 이것이 이 집의 핵심이다.

'보배네 만두'라는 만두집이 있다. 이 집은 얇은 피에 꽉 찬 속으로 손님을 사로잡는다. 한두 개만 먹어도 속이 든든하다. 그곳의 열무국수, 순두부는 갓 내린 듯 따끈하다. 겨울철 김이 모락모락 나는 순두부와 만두를 간장에 찍어 먹으면 그 꽉 찬 느낌이 온몸으로 느껴진다. 진즉 눈치챘을 것이다. 만두의 핵심은? 얇은 만두피와 만두소다.

그렇다면 짜장면은 또 어떤가? 짜장면의 핵심은 면발이다. '돌고

래 손짜장'이라는 중식점이 있다. 이 집의 짜장면 역시 줄 서서 기다리는 수고를 감수해야 맛볼 수 있다. 주문하면 즉석에서 면을 반죽하는데 그 과정을 모두 지켜볼 수 있다. 이 집 또한 짜장면에 들어가는 식재료는 여느 집과 다르지 않다. 그러나 손님을 사로잡는 탁월한 것이 하나 있으니, 바로 쫀득한 면발이다. '옛날 손짜장집'의 간판을 내건 음식점에 왜 손님들이 몰리는지를 잘 보여주는 전형이지 싶다.

어떤가? 거듭 강조하지만 누구나 인정하는 맛집에는 기본에 충실한 맛의 핵심이 요리마다 명확하게 서려 있다. 그러니 인기가 있을 수밖에!

사람도 마찬가지다. 핵심을 짚어 간결하게 말하는 사람은 바라보는 것만으로도 흐뭇하다. 간결한 말 이후의 나머지 시간은 사람의 향기를 맡을 수 있으니까.

인기 있는 사람은 핵심만 가지고 짧게 말한다. '기본이 되는 핵심'으로 감동을 불러일으킨다. 감동을 일으키면 꿈을 이룰 수 있다. 기본에 충실한 식당 주인에게 그의 꿈인 손님이 몰리는 것처럼 말이다.

인기 있는 사람들처럼 기본에 충실하자. 작가는 영감, 테니스 선수는 정신력, 공무원은 민원인 봉사, 국회의원은 법 수호, 대통령은 국민 섬김, 상담사는 공감, 꽃집은 신선한 향기, 환경미화원은 청결, 고속전철은 속도, 영화감독은 감각, 마트는 친절, 그리고 사람은 성품이 기본이다. 이 맥락을 명심하자.

말은 꼭 할 말만 전달하자. 설명이 부족한 것 같을지라도 일단 말을 멈추자. 나머지는 사람을 칭찬하는 데 쓰자. 장황하게 설명하는 말버릇은 관계 지속을 어렵게 만든다. 타인의 말을 오래 듣길 원하는 사람은 없기 때문이다. 쉬운 이야기를 장황하게 설명하는 사람은 여러 메뉴로 손님을 유치하려는 식당과 다르지 않다. 그런 식당이 어디 오래 가던가? 맛집은 핵심적인 메뉴 하나로 승부한다. 손님들은 '기본이 되는 핵심'에 줄을 선다. 사람의 마음을 움직이는 핵심적인 한마디를 준비하자. 그러면 당신의 꿈이 당신을 선택할 것이다. 맛집에 줄을 서는 손님들처럼!

습관적으로
남을 험담하지 않는다

사석에서 만난 선배가 내게 말했다.

"나는 말이야. 가는 근무처마다 사이코들을 만나는 거 같아. 재수
가 없어서 그러나?"

그는 자기 근무지 상관이 사이코인 이유와 그 때문에 자기가 얼마
나 힘든지를 장황하게 토로했다. 한 30분쯤 지났을까. 그와의 대화에
서 이미 내 영혼은 빠져나갔다. 나는 그 자리에서 어떻게 내 육신을
빼낼 것인가를 궁리하기 시작했다.

"죄송해서 어쩌죠? 갑자기 집에 일이 생겼는데….."

결국 나는 집을 팔아먹으며 도망가다시피 자리를 떴다. 그러면서
생각했다. 선배가 말하는 사이코는 틀림없이 그 자신일 거라고….

그는 수많은 후배 중에서 왜 하필 나를 불러내 다른 이의 험담을 퍼

부은 것일까? 나중에 안 사실이지만, 그는 동료 네 명에게도 전화를 걸었다. 동료들은 그를 휴대전화기에 '왕짜증', '스팸선배', '받지 마 선배', '미친 시간' 등으로 진즉 저장해두었고 전화가 오자 부재중인 척 선수를 쳤다. 실은 나도 그를 '사이코'라고 저장해놓긴 했다. 그런데 나는 왜 그의 연락을 받고 만남의 장소로 나간 것일까. 아무래도 일말의 이심전심을 기대한 탓이지 싶다. 실상 나는 회식 자리에서 상관과 조직의 부조리에 대해 말하는 것을 습관적으로 좋아했으니까.

감당하기 어려운 일을 당할 때 험담은 감정의 정화작용을 하기도 한다. 울분이 극에 달했을 때 퍼붓는 한바탕 욕지거리는 가슴을 뻥 뚫어주기도 한다. 그러나 말끝마다 빈번이 남을 험담하는 일은 경계해야 한다. 험담이 습관화되면 교만에 빠질 수 있기 때문이다.

'칼있으마'로 불리는 선배가 있다. 물론 그는 카리스마와는 거리가 먼 인물이다. 그저 전형적인 꼰대다. 그는 평소 '복무 철저', '규정 엄수', '업자들과의 뒷거래 금지'를 입에 달고 다닌다.

어느 날, 가구 납품 업체와의 유착으로 말미암아 많은 고위직 인사가 줄줄이 징계를 받는 사건이 터졌다. 예의 그는 전 직원을 집합시킨 뒤 청렴에 대하여 또 일장 연설을 했다. 징계를 받은 인물은 그가 자신의 라인 중 가장 고위직에 있는 사람이라며 유난히 자랑하던 상사였다. 평소의 친분관계를 고려했을 때 '상사의 불행한 사안'을 언급하는 그의 표정은 지나치게 밝았다.

"사람이 한결같아야지, 저렇게 중심을 놓치면 끝장인 거야."

의기양양하게 미소하며 말하는 그의 모습을 보고 있자니, 왠지 모르게 씁쓸했다.

　얼마 뒤 그에게도 일이 벌어졌다. 지출 증빙 자료를 바리바리 준비하여 상급기관에 불려 들어간 것이다. 그러고는 뜬금없이 병가를 냈다. 그의 소식은 지역 신문과 뉴스에서 확인할 수 있었다. 납품 업체 비리 사건의 연루자로 지목된 것이다. 그 뒤 그에 관한 소식은 소리 소문 없이 사라졌다.

　똥 묻은 개가 겨 묻은 개 나무란다! 그 사건 이후 나는 자리에 없는 사람을 말할 때는 나의 부족함을 먼저 돌아보기로 마음먹었다. 약속이 잡힌 날이면 일찌감치 거울 앞에서 나 자신을 돌아보며 자문했다. "지금 잘 살고 있는 거야?" 하고….

　뿌리는 대로 거두는 법이다. 습관적으로 남을 헐뜯으면 그 험담의 대상이 부메랑이 되어 나에게 꽂힌다. 험담은 마약이다. 결국은 나 자신을 망가뜨린다. 남의 험담을 하는 이는 반성할 줄 모르는 사람이다. 감사, 경배 등의 말은 이들에게는 가장 먼 이야기다. 이유는 믿음이 없기 때문이다.

　믿음은 가능성에 대한 확신이다. 이 믿음의 씨앗이 바로 기도다. 남의 험담을 습관처럼 하는 사람들은 기도하는 법부터 배워야 한다. 사람들은 기도를 할 때 기본적으로 자신의 요구만을 늘어놓는다. 그러나 기도에서 정말 필요한 것은 신이 우리에게 무엇을 원하시는지 경청하는 것이다. 이런 기도가 어렵게 느껴지는 이유는 험담의 유혹에 쉬이 넘어가기 때문이다. 그렇게 유혹에 넘어가 한바탕 험담함으로써 스스로 위안을 받으려고 한다. 하지만 이런 심리는 결국 암세포처럼 마음 구석구석을 갉아먹을 뿐이다. 진정한 기도에 익숙해지고 험담의 유혹을 확실히 제어하면, 그 무엇과도 비교할 수 없는 큰 위안을 선물로 받을 것이다.

우리가 살아가면서 흔히 범하는 두 가지 죄는 남을 판단하고 비판하는 짓이다. 그런데 남에게로 향하는 그 말은 항상 자신의 모습 아니던가? 신은 우리가 참회하는 순간 우리를 용서해준다.

할 어반은 《인생을 바꿔줄 선택》에서 긍정적인 생각을 불러일으키거나, 때로는 생각 자체를 바꾸는 활동 네 단계로 잠재력·상상력·기회·가능성을 들었다. 남의 험담을 하는 사람들은 기회를 잃게 된다. 자기에게 주어진 수많은 기회는 변화된 삶의 관문이 된다. 빌 게이츠는 "변화는 기회다"라고 했다. 기회는 변화의 관문이다. 험담은 이 문을 닫아버리는 것과 같다. 결국 위기를 다른 사람 또는 환경의 탓으로 돌리는 사람은 변화의 기회를 잃게 된다.

원 데이비스는 "기회는 우리 주변에 있다. 찾으려고만 한다면 누구나 찾아낼 수 있다"고 했다. 그는, 사람들이 기회를 손에 넣지 못하는 이유는 그것을 찾지 않기 때문이라고 했다. 그는 '지금 당장 자신의 인생을 위해 열 개의 기회를 찾으라면 어떤 기회를 찾겠는가?'라는 질문을 학생들에게 던지며 실험을 했다. 이 질문에 대답하는 과정에서 학생들은 두 그룹으로 나뉘었다. 한 그룹은 무수한 기회 중에서 단 열 개를 택하는 것에 어려움을 겪었고, 다른 한 그룹은 열 개의 기회를 떠올리는 것 자체에 어려움을 겪었다. 모든 종류의 기회를 포착한 학생들이 있는 반면, 한두 가지의 기회조차 제대로 보지 못한 학생들도 있었던 것이다. 한 학생이 이렇게 말했다.

"우리는 매일 수백 번의 기회를 만납니다. 어떤 일이라도 할 수 있는 기회죠. 우리는 단지 그 기회를 발견하기만 하면 돼요."

1988년 그의 강의를 듣던 한 여성은 갖가지 기회를 순식간에 써냈다. 그녀는 36년간의 교직생활을 통해 간직하고 있던 과제물 중 하나라고 했다.

① 필요한 만큼 또는 원하는 만큼 배울 수 있는 기회
② 인생에서 자신의 진로를 선택하고 뭔가를 이룰 수 있는 기회
③ 무수히 많은 방법으로 신을 숭배하고 찬미할 수 있는 기회
④ 원만하고 좋은 성격의 소유자가 될 수 있는 기회
⑤ 건강한 자세를 선택하고 개발하고 유지할 수 있는 기회
⑥ 가족, 친구, 동료, 잘 모르는 사람 등 남을 돌볼 수 있는 기회
⑦ 나 자신보다 대의를 위해 공헌할 수 있는 기회
⑧ 옛 친구를 소중히 여기고 새로운 친구를 사귈 수 있는 기회
⑨ 내가 가진 모든 것을 즐기고 감사할 수 있는 기회
⑩ 내 인생의 하루하루는 한 인간으로서 성장하고 발전할 수 있는 기회
⑪ 보너스 : 내가 가진 모든 기회를 볼 수 있는 기회

《논어》에서는 '군자는 일이 잘못되면 원인을 자신에게서 찾고 소인은 남 탓을 한다'라고 하였다.

내가 다니는 교회의 전태식 목사님이 가장 경계하는 것이 있다. 바로 '남을 판단하고 비판하고 정죄하는 말을 하는 것'이다. 그는 이를

하나님께 맡기라고 강조한다. 자신을 돌아보고, 가깝게는 가족과 이웃을 사랑하고, 불쌍한 이웃을 돕는 일을 실천하라는 말이다. 청년 신도들의 입에서 하나같이 들려오는 말이 있다.

"어떻게 주의 종을 기쁘게 해드릴까요?"

목사님은 결코 당신의 생각을 설교하지 않는다. 그저 다음과 같이 말한다.

"나는 성경 말씀이 '이러이러하다'고 전하는 사람입니다. 천사의 말을 하고 천국의 비밀을 아는 능력이 있을지라도 사랑이 없으면 아무 소용이 없습니다. 그러니 하나님 앞에서 사람을 판단하고 비판하는 어리석은 사람이 되지 말고 단지 사랑하세요."

내 딸 여명은 교회에서 '남을 판단하고 비판하지 마라, 비교하지 마라, 정죄는 하나님의 몫이다'라는 말씀을 듣고 은혜를 받았다. 여주에서 초등학교 시절을 보냈던 딸아이는 5학년 때 분당으로 전학을 왔다. 선행 학습과 지나치게 높은 교육열 때문에 힘겨운 중학교 시절을 보냈다. 학교 수업에서 다루지도 않은 내용을 미리 앞질러가는 친구들의 속도를 딸아이는 따라잡을 수 없었다.

그러던 딸아이는 '남을 판단하고 비판하지 말라'는 목사님의 설교 덕분에 '자기만이 하고 싶은 꿈'을 향해 정진하는 사람이 되었다. 딸아이는 '큐레이터'라는 자신만의 꿈을 세웠다. 그러고는 목표를 향해 공부에 전념했다. 딸아이는 어떤 상황에서도 '타인과 비교하거나 판단하지 않는 사람'으로 자랐다.

대학생이 되어서 자신이 가고 싶은 여행지가 있으면 아르바이트를 시작한다. 그러고는 "나는 이만큼 노력했으니까 아버지, 어머니가 도와주실 수 있어요?" 하고 묻는다. 딸아이에게 꿈을 물으면 "말씀대로 순종하며 비교하지 않고 나답게 사는 거요"라고 한다. 이게 다 목사님 덕분이다. "남의 이야기를 하기 전에 자신의 열매를 돌아보라"고 말하는 목사님이 성도들의 인기를 독차지하는 이유다.

인기 있는 사람은 남을 험담하지 않는다. 그들의 말에는 '나'의 이야기로 가득 차 있다. 나에 대한 말은 스스로를 돌아보게 하고, 남에 대한 비교와 판단을 거부한다. 결국 자신에게 닥친 수많은 위기를 기회로 바꾸는 에너지를 비축하는 셈이다. 그 에너지는 집중력을 발휘하여 자기가 하는 일에서 성과로 이어진다.

다시 한 번 강조한다. 험담이 버릇되면 자신이 험담의 대상이 된다는 사실을 기억하자.

항상 긍정적이고
에너지 넘친다

매사 부정적인 사람들이 있다.

"나는 되는 일이 없어! 나는 원래 그런 인간인가 봐!"

"어휴, 벌써 오월이네! 한 것도 없는데 시간은 왜 이리 잘 가는 거야?"

어떤가? 지금 내 모습은 아닌지 돌아보자. 이를 딱히 부정하지 못한다면 긍정 에너지의 측면에서 위험인물이다. 한 연구에 따르면 성인의 약 80퍼센트가 부정적인 혼잣말을 한다고 한다.

우리 사회의 수많은 학생, 청년이 푸념하는 말마따나 '최고만 기억하는 더러운 세상'이 굳어졌지 싶다. 영어는 기본이 되었고 제2외국어가 필수인 요즘, 중학교 입학과 동시에 공부 좀 한다는 학생들은 자신의 적성과 상관없이 일찌감치 특수목적고등학교나 과학영재고등학교 등을 노린다. 상황이 이렇다 보니 카이스트나 명문대를 졸업한 사람들조차도 그 간판을 앞세워 학원으로 일자리를 옮긴다. 그러니 어떤가? 실상 최고란 없다. 그 기준이 '각자의 다름' 측면에서 본다면 그것은 최선의 결과물에 불과하다. 진정한 최고는 가치를 창출하여 영향력을 행사할 수 있어야 한다. '최고의 가치', '탁월한 성과'는 최선의 다른 표현이다. 그러니까 비교의 문제가 아닌, 표현의 문제인 것이다.

열정이 넘치는 사람들은 최선을 다한다. 그래서 그들의 모습은 아름답기 그지없다. 나는 삶이 시큰둥해지고 지칠 때《갈매기의 꿈》의 조나단을 만나 이야기를 나눈다.

"너는 왜 먹지도 않고 비쩍 마른 채 힘들게 사니?"

"무엇을 먹고, 무엇이 되고는 관심 없어. 하루 종일 해변을 빈둥거리며 어부들이 던져주는 썩은 고기를 기다리는 하루는 관심 없다구. 나는 새가 무엇을 할 수 있고 무엇을 할 수 없는지 그것을 알고 싶을 뿐이야."

"있잖아요. 천국을 가려면 몇 킬로미터로 달리면 도달할 수 있죠?"

"몇 킬로미터? 그건 이미 천국이 아니야. 천국은 네가 도달했다고 생각하는 곳, 네가 확신을 가지고 받아들인 곳, 그곳이 천국이야."

"그럼 내게 한계가 없다는 말인가요? 내가 자유라는 말을 하는 거예요?"

"글쎄 그건 네가 더 잘 알 텐데. 네가 한계를 넘어서면 그곳이 네가 꿈꾸던 곳이야."

"천국은 어디쯤 있나요? 어떻게 갈 수 있죠?"

"그곳은 아주 가깝고도 먼 곳에 있단다. 멈추지 말거라. 멈추지 말고 끊임없이 너의 한계를 연습을 통해 시험해봐라. 한순간에 천국에 도달할 수도 있고 영원히 도달하지 못할 수도 있지."

"그럼 어떻게 천국에 도착하죠?"

"그건 스스로 깨우쳐야 해. '천국이 어디 있죠' 하는 말을 하는 자신을 자세히 되새겨봐."

온종일 썩은 고기를 기다리며 보냈다는 자괴감이 들 때 나는 항상 이렇게 조나단과 대화한다. 그러고는 조나단이 한 말을 되뇐다.

"세상에서 가장 어려운 일이 왜 '한 새에게 그가 자유롭다는 사실을 확신시키는 일 그리고 그가 조금만 시간을 내어 연습한다면 스스로 그것을 증명할 수 있다는 사실을 믿게 하는 일'일까? 왜 그것이 그토록 어려운 일이어야만 할까?"

그렇다! 자신의 한계를 한정하는 것은 스스로 최선을 다하지 않는다는 증거다. 최선을 다하는 사람은 항상 긍정적이고 에너지가 넘친다. 사람들은 '최선을 다한다'는 말을 좀 오해하는 것 같다. 휴식은커녕 제대로 먹지도 않고 칩거하다시피 하며 온통 일에 몰두한 채 내달리는 상황을 떠올리는 것이다. 하지만 이는 최선을 다하는 것이 아니다. 오히려 정반대다. 최선이 아닌 최악의 노력을 기울이는 것이다. 최선을 다한다는 것은 자신의 기준을 높게 설정하는 것이요, 어떤 환경에서든 '자신이 세운 기준'에 맞춰 살아가는 것이다. 자신이 세운 기준 아래에서 여유롭게 휴식을 즐기는 것 역시 최선을 다하는 것에 속한다.

높은 기준을 설정하여 긍정적으로 다가간다는 것은 어떤 의미일까? 어떤 면에서 긍정적인 말이 중요할까? 할 어반은 이런 의문에 대하여 네 가지를 들어 설명했다.

첫째, 인성 특히 정직이다. 정직하기란 우리가 늘 맞닥뜨리는 도전 과제다. 그러나 성공이 쉽지 않기에 사람들은 슬금슬금 다른 길을 택하기도 한다. '나 하나쯤이야', '다들 침묵하는데 뭘', '거짓말을 해도 잘만 살던데', '완전한 사람은 없어', '누구나 거짓말 다 하잖아' 등의 생각이 깔려 있다. 잘못된 생각이지만 일반적으로 굳어진 믿음도 있다. '언제 어디서든 늘 정직한 사람은 없다'는 것이다. 하지만 이는 잘못된 믿음이다.

정직하게 살아가는 사람은 생각 외로 많다. 불행히도 우리가 이들의 이야기를 자주 듣지 못할 따름이다. 이들은 인성을 갖춘 사람들로, 영예롭게 행동하며 조용히 살아간다. 늘 정직하게 사는 사람들은 존경과 칭찬, 신뢰를 얻는다. 그들이 받는 보상은 마음의 평온과 자존감이다. 세상에 이보다 큰 선물이 있을까.

동기면담의 윤리에 따르면 어떠한 이득도 자신을 위한 것이어서는 안 된다. 이득이라면 반드시 내담자의 동기를 위한 것이어야 한다. 그렇다면 면담자가 얻는 이득은 전혀 없는 것일까? 그렇지 않다. 내담자의 동기가 변화함으로써 면담자가 얻는 '선한 영향력'은 마음의 평온과 자존감을 준다. 세상에 이보다 큰 이득이 있으랴?

둘째, 남을 대하는 법이다. 우리는 입장을 바꾸어 생각해보는 것을 너무 자주 잊는다. 황금률이 지켜지지 않는 이유는 우리 사회에 예의와 겸손이 사라졌기 때문이다. 세상은 점점 더 많은 일을 빠른 시간 안에 해내라고 강요한다. 그러니 우리는 늘 시간에 쫓겨 다른 사람의 마음을 헤아릴 여유를 잃어간다.

셋째, 자신의 성장과 발전이다. 헨리 데이비드 소로는 "인간이라면 누구나 의식적인 노력으로 자신의 삶을 변화시킬 능력을 지니고 있다"고 했다. 이보다 더 기분 좋은 사실이 있을까? 부정적인 생각과 불평은 자신의 시간과 힘을 낭비하는 일이며 그가 속한 곳의 분위기를 망치고 다른 사람을 지치게 한다. 최선을 다하는 말 속에는 자신에 대한 완전한 인정이 들어 있다. 어떤 상황에서도 성장과 발전을 거듭한다는 것은 해낼 수 있다는 믿음과 신뢰가 들어 있기 때문이다.

넷째, 직업윤리다. 이에 관해서는 마틴 루터 킹의 말을 새기며 나름대로 대입해볼 필요가 있다. 만약 누군가가 (① 환경미화원)이 되라는 소명을 받는다면, 미켈란젤로가 그림을 그리듯, 베토벤이 작곡을 하듯, 셰익스피어가 시를 쓰듯 (② 거리를 쓸어야) 한다. 하늘과 땅의 모든 주인이 가던 길을 멈춘 채 "여기 자신의 일을 잘하는 훌륭한 (환경미화원)이 있구나"라고 말할 정도로 그는 거리를 깨끗이 쓸어야 한다.

여기에서 '① 환경미화원' 대신 현재의 내 직업을 넣어보자. '② 거리를 쓸어야' 대신 하고 있는 일을 넣어보자. 그리고 다시 한 번 읽어보자.

과연 당신은 세상의 모든 사람이 하던 일을 멈추고 감탄할 만큼 최선을 다해 그 일을 하고 있는가? 할 어반은 학생들에게 하나의 질문을 했다.

"여러분이 최선을 다하지 않는 이유는 무엇일까요?"

가장 흔히 나온 이유는 '건강이 안 좋아서', '피곤해서', '기분이 나빠서', '게을러서'였다. 그는 앞의 두 가지는 비록 건강이 안 좋거나 피곤하더라도 그 상황에 맞는 최선을 다할 수 있다고 역설했다. 나머지 두 이유에 대해서는 구차한 변명이라고 말했다. 왜 최선을 다하지 못하는가? 학생이라면 학교에서, 직장인이라면 직장에서, 운동선수라면 자신의 종목에서 최선을 다해야 한다. 최선을 다했을 때 성공을 맛볼 수 있다. 그래야 타인의 존경도 받을 수 있다.

인기 있는 사람은 항상 긍정적이고 에너지가 넘친다. 지금 최고가 되지 못할 것 같은 두려움에 휩싸여 있는가? 그렇다면 일단 최선을 다했는지 돌아보자. 최고는 최선을 이기지 못한다. 최선을 다하지 않는 최고는 더러 다른 사람을 속일 수 있다. 하지만 자신만은 속일 수 없다.

저마다 최고에 집중한다. 저마다 최고만 바라보고 내달린다. 모두가 최고에 기계적으로 목맨다고 덩달아 함께 휩쓸릴 필요는 없다. 어차피 그렇게 구축된 최고는 결국 최선을 다하여 탁월한 성취를 낸 당신 앞에 맥없이 무너질 것이다. 최선에는 상황에 흔들리지 않는 미덕이 있기 때문이다.

적절하게
자기 의견을 말한다

약자에게 강하고, 강자에게 약한 이들이 있다. 속된 말로 양아치 근성이 있는 이런 인물들은 결국 사람들에게 외면당한다.

Y 교육청에서 근무할 때다. 새로 들어온 간부용 고급 책상 서랍이 1주일도 채 안 되어 내려앉았다. A 팀장은 가구업체의 사후 조치를 놓고 버럭 화를 냈다.

"하여튼 과장 안면으로 납품한 놈들은 안 된다니깐! 납품하기 전에는 간이고 쓸개고 몽땅 빼줄 것처럼 알랑방귀 뀌더니, 납품했다고 이제 완전 생까?"

순간 파티션 너머에 앉아 있던 과장이 참지 못하고 벌떡 일어섰다.

"무슨 일인데 이리 소란이야?"

과장이 부재중인 줄 알았던 팀장은 사색이 된 채 얼른 얼버무렸다.

"아, 과장님, 딴 게 아니고요. 이번에 들어온 책상이 납품 과정에서 잘못된 것 같습니다. 그 사장님이 그럴 분이 아닌데 담당자가 검수를 제대로 못한 것 같아서 주의를 주고 있었습니다. 야! 김 주무! 계약서랑 검수증 갖고 와봐!"

이런 사람들은 상관이 법규에 어긋나는 불합리한 지시를 해도 "걱정하지 마십시오. 제가 다 알아서 하겠습니다"라고 한다. 당연히 그 후에 진행되는 일은 아랫사람을 난감하게 만들기 일쑤다. "과장님 지시야. 알아서 하시겠지. 일단 처리하라고"하며 무책임하게 내빼는 것이다. 이런 사람들은 자신의 의견을 밝혀야 할 상황이 오면 흔히 이렇게 대응한다.

"그런 말을 할 권한이 없는데 말해도 될지 모르겠습니다."

"제게 무슨 의견이 있겠습니까? 결정만 해주시면 제가 어떻게든 해보겠습니다."

이처럼 슬슬 피하며 자기 의견 밝히기를 꺼린다. 이런 행동은 더러 윗사람에게 겸손해 보이기도 한다. 그래서 승승장구하는 경우도 있다. 상사에게 철저히 맞추므로 중요한 자리에 발탁되기도 한다. 그런 사람 밑의 팀원은 적지 않은 고난을 감수해야 하니, 하루빨리 그가 없는 곳으로 이동해야 한다. 이런 사람들은 유난히 부하 직원에게 대우받기를 좋아한다. 물론 끝내 지갑을 열지 않는 것으로 이름을 날린다. 그런 사람에게 밥 대접을 받았다는 사람은 좀처럼 찾아보기 힘들다.

개중에는 다행스럽게도 부하 직원 앞에서 조심조심하며 말하는 이도 있다. 물론 그들이 조심하는 이유는 존중 차원이 아닌, 다른 데 있다. 부하들에게 자신의 약점이 들통 날까 봐 그렇게 행동하는 것이다. 어떤 경우든 이런 사람들은 결국 주변 사람들에게 외면당하고 만다. 대부분은 필요할 때 자신의 의견을 말하지 않기 때문에 발탁 기회를 놓치게 되고, 무리하게 상관의 지시에 따르다가 일이 불거져 상사와 등을 지기도 한다. A 팀장의 경우 간신히 자리를 보존하고 있지만, 어떤 영향력도 행사하지 못한 채 그저 버티는 생활을 하는 중이다. 그들은 늘 '내가 성질대로 하면', '가족 때문에 버틴다', '내가 왕년에', '내가 삼 년만 젊었어도'를 말마디에 붙이곤 한다. 그러나 그뿐이다. 여전히 자기 의견이란 없다.

자신의 의견을 적절하게 말하기 위해서는 많은 노력이 필요하며 적지 않은 시련도 감수해야 한다. 이렇게 부딪치는 시련이야말로 기회다. 살아 있다는 증거이기도 하다.

내가 S 중학교에서 근무할 때의 일이다. 교직원 몇이 나를 화장실 뒤쪽 한구석으로 불러내더니 추궁하듯 물었다.

"왜 이런 곳에 왔어요? 여기가 어떤 데인지 알고 왔어요?"

그들은 '이런 곳'에 온 나를 이해할 수 없다는 표정을 지었다. 근무를 하면서 나는 동료들에게 '피할 수 있는 걸 피하지 않은 어리석은 사람'이 되었다.

내 발로 들어온 일터에서 피할 수 있는 곳은 어디일까? 나는 '어디'와 '무엇'보다는 '어떻게'가 더 중요하다고 생각하며 살아왔다. 그 생각은 지금도 변함이 없다.

새로운 근무지에는 그야말로 보통 사람이 감당하기 벅찬 관리자가 버티고 있었다. 40여 명의 직원 전출 및 퇴직, 산더미 같은 직원들의 시말서, 눈을 마주치지 않는 사람들, 숨 막히는 정적 속의 호통, 호통 뒤에 이어지는 드르륵 쾅, 하고 닫히는 문소리…. 이것이 새 근무지의 풍경이었다.

그때 나는 삐뚤어지기로 마음먹었다. 그러니까 상관을 감동시키기로 작정했던 것이다. 그때가 상담심리 석사 과정의 논문을 준비 중일 때였다. 나는 그를 진단해보았다. DSM(정신질환진단 및 통계편람) Ⅳ를 통해 그를 진단해본 결과 7개 항목 중 6개가 해당되는 '편집증적 성격장애'였다. 전문가들도 이 증상의 치료법을 극히 어렵다고 표현한다. 파라노이드(Paranoid), 일명 편집증적 성격장애증상은 성장 과정에서 뿌리 깊이 박혀 있는 무의식적 경험에 기인한 것으로 그 치유는 현실적으로 매우 까다롭다는 게 연구 결과다.

증상을 진단한 나는 가장 효과적으로 상대를 돕는 방법 세 가지를 강구했다.

첫째, 관계 형성의 방법으로 상대를 무조건 인정하고 세 번 이상 칭찬하기를 반영할 것.

둘째, 상담과 약물 치료를 병행한 통합 치료 방법을 안내할 것.

그러나 이 방법은 충분히 관계 형성이 된 이후에 매우 조심스럽게 접근해야 한다.

셋째, 많은 사람이 일하는 근무지를 속히 떠나도록 유도할 것.

물론 이런 종류의 증상의 가장 어려운 점은 당사자가 문제를 결코 인정하지 않는다는 점이다. 그러므로 상대의 저항을 무조건 공감하고 칭찬하며 접근하지 않으면 한 걸음도 나아갈 수 없다.

나는 그의 말에 '세 번 이상 무조건적 공감과 인정하기' 대화법을 썼다. 증상이 고조되는 상황에서는 당사자와 가장 신뢰관계를 형성한 사람이 적절히 의견을 표현해주는 게 효과적이다. 주변인들이 그의 상처와 욕구에 대하여 공감해주며 있는 그대로 조금씩 표현해주었다면 어땠을까? 물론 관계 형성 자체가 쉽지 않은 일이다. 그러나 상대를 돕고자 하는 마음이 있다면 인내심을 가지고 적절하게 의견을 표현해야 한다. 그것이 상대를 돕는 유일한 방법이다.

관계 형성의 노력 덕분에 나에 대한 신뢰가 쌓여갔다. 공감으로 말문이 열렸고, 말문이 열리니 마음의 문도 열렸다. 이렇게 인내심을 가지고 생활하는 동안 상관의 표정도 차츰 밝아졌다. 함께 운동을 하고 식사하면서 나는 그의 장점을 많이 발견했다. 업무 처리에 빈틈이 없고 책임감 있으며 언변이 뛰어나고 결단력이 있었다. 문제는 그 장점들을 상황에 따라 적절히 통제할 수 없다는 것이었다. 수십 년간 누적되어 형성된 증상이 하루아침에 바뀌기란 쉽지 않았다.

어느 날, 내가 자리를 비운 한순간 결국 사달이 났다. 그가 임신한 여직원에게 험한 욕설을 했고, 여직원이 입원하는 지경에 이르렀던 것이다. 그는 실려 나가는 여직원을 보며 "나를 음해하려고 쇼를 한다"는 황당한 말을 던졌다. 갈수록 일은 커져 MBC〈생방송 오늘〉에 방송되었고, 결국 그는 30년 넘게 근무해온 일터를 속절없이 떠나야 했다.

이참에 비슷한 상황을 접한 이가 있다면 팁 하나를 전할까 한다. 누군가는 꼭 해야 할 상황이라면 주위를 둘러보지 말고 당신이 하라. 당신이 나서서 당신의 의견을 적절하게 표현하라. 단언컨대 당신의 불필요한 인간관계가 정리되는 것은 물론 당신의 참모습을 발견하는 경험을 할 것이다. 그 경험은 결코 돈으로 환산할 수 없는 가치 있는 경험일 것이다.

"저는 이렇게 생각합니다!"

인기 있는 사람은 자기 의견을 정확하게 표현한다. 잘못된 지시에 대해서는 이렇게 말한다.

"좋은 의견이십니다만, 이런 면에서 무리가 있을 듯합니다. 한 번 더 고려해주시기 바랍니다."

이런 부하 직원이라면 당장은 상사를 불편하게 할 수 있다. 그러나 시간이 지나면 "그 친구, 당찬 데가 있어" 하며 인정받게 된다. 이런 사람들은 어디를 가든 환영받게 마련이다. 그들의 의견이 조직에서는 좋은 안전장치가 되고 성과로 이어지기 때문이다. 업무를 추진하는 데에서도 한 번 더 고려하게 되고 자칫 잘못될 수 있는 부분을 미리 예방할 수 있다.

자신 있게 의견을 말하는 사람은 인간관계에서도 늘 일정한 거리를 두며 상대방을 편하게 한다. 만난 지 얼마 되지 않았는데 나이 하나만으로 뜬금없이 "형" 하고 부르는 사람들이 있다. 이는 주인 허락도 없이 남의 집에 불쑥 들어선 것과 다르지 않다. 이런 상황에서 나는 평소의 내 태도와 다르게 그에 대하여 침묵하거나 필요한 말 이상을 하지 않음으로써 그에게 경고 메시지를 보낸다. 상대가 지나치다 싶으면 나는 이렇게 말한다.

"형은 좀 그렇고요, 팀장이라고 불러주세요."

이렇게 경어를 써서 내 속내를 표현하면 다가오던 상대도 머쓱하여 걸음을 멈춘다. 그는 이내 시큰둥하여 내가 정해놓은 거리를 유지하거나 많은 경우 알아서 멀리 달아난다. 그런 사람들이 멀리 달아날수록 나는 평온을 되찾는다.

애매한 호칭이나 관계 때문에 마음이 불편한가? 그렇다면 더욱더 자신의 의견을 피력하자. 나의 더 좋은 인간관계를 위해서 말이다.

적절한 생각 표현,
감정 이해, 주제를 넘나든다

중국의 고전《귀곡자》에 이런 말이 있다.

현자와 불초한 자, 지혜로운 자와 어리석은 자, 용맹한 자와 비겁한 자, 어진 자와 의로운 자는 모두 제각각 장단점이 있다. 이에 따라 대응 방법도 달라질 수밖에 없는데 성인은 상대에 따라 다르게 대한다.

설탕에 개미 꼬이듯 사람을 몰고 다니는 사람이 있다. 그는 여러 사람의 비밀을 동시에 알고 있으면서도 서로의 비밀을 지키며 각자의 특성에 맞추어 적절히 대응한다. 그의 주변에 있는 사람들은 왜 하필 그에게 비밀을 털어놓고 보물창고처럼 그를 찾을까? 인기 있는 사람은 적절하게 생각을 표현하고 감정을 이해할 뿐만 아니라 다양한 주제를 넘나드는 통찰력이 있기 때문이다.

어느 날, 30년 만에 초등학교 동창회에 참석했다. 입, 코, 말본새 등을 보면 어렴풋하게 생각나는 얼굴들이 희끗한 머리로 거침없이 반말을 주고받았다. 물론 지속적인 만남을 가졌던 친구들은 스스럼없겠지만 30년 만에 보는 얼굴들은 불편하기 짝이 없었다. 대책 없이 오가는 술잔 앞에서 학교 앞 구멍가게에서 먹던 추억의 '쫀드기' 얘기도, 구슬치기 얘기도 할 수 없었다. 한 친구가 코앞에 잔을 들이밀며 말했다.

"야, 너 중학교 어디 들어갔지?"

"어? 어, B중학교."

"으하하! 너 똥통 학교 다녔구나? 똥통 학교!"

세월의 간격을 메울 틈도 없이 당한 기습에 순간 당황했지만 나는 곧 맞받아쳤다.

"맞어, 맞어! 너는 그 똥통 학교 여학생 만나려고 문 앞에서 맨날 코 흘렸잖아."

그 친구는 순간 멈칫하더니 기억을 되살리려는 표정으로 머쓱하게 바라보다가 이내 자리를 떴다.

외곬으로 생각할뿐더러 이야깃거리가 단조로운 사람은 엉뚱한 곳에서 감정을 드러내 분위기를 망치곤 한다. 이는 경험이 부족한 데다 이기적이라는 방증이다.

매사 사람 만나는 일이 시답잖게 느껴지던 때가 있었다. 어린 시절이었다. 반벙어리처럼 초등학교를 마치고 남녀공학 중학교에 들어갔는데, 시큰둥한 기분은 여전했다. 여럿이 모인 자리에서 나는 우두커니 앉아 상대의 입에 눈을 두곤 했다. 상대의 입가에 거품이 생겼다 사라졌다 하는 모습을 조마조마하게 바라보는 게 내 대화법의 전부였다. 그러던 어느 날부터인가 나는 하루 만남 중에서 오간 대화를 일기장에 쓰며 정리하는 습관을 들이기 시작했다. 이 습관은 단조로운 나의 대화법을 다양화하는 데 도움이 되었다. 이렇게 연습을 통해 적절한 생각을 표현하고 상대의 감정을 이해하기에 이르렀다. 대학에 진학해서는 여러 주제를 한꺼번에 통합하며 말하는 촉이 생기면서 '말은 많이 할 필요가 없고 할 말만 적절하게 하면 된다'는 사실을 깨달았다. 이를 체화하는 최선의 방법은 역시나 상대의 말을 정리하여 요약하는 습관을 들이는 것이다.

생각을 적절히 표현하며 주제를 자유롭게 넘나드는 사람을 만나면 사고가 정리된다. 그런 인물을 친구로, 학우로, 선생님으로, 협업자로, 직장 상사로 두면 금상첨화다. 동반 성장을 할 수 있기 때문이다. 적절한 생각 표현, 감정 이해, 주제를 넘나드는 것이 능숙해질 때 비로소 좋은 촉을 가질 수 있다. 이는 상담사, 면담가, 코칭 전문가, 교사, 그리고 조직의 리더에게 특히 필요한 요건이다. 물론 이 모든 것에 전제되어야 할 점은 '상대를 진심으로 배려하는 마음'이다.

동기면담의 개발자 윌리엄 밀러 박사는《동기면담을 위한 기도》에서 이러한 마음을 잘 표현하고 있다.

기다리는 친구가 되게 나를 이끄시고, 하늘 같은 열린 마음으로 듣게 하소서. 친구의 눈으로 바라볼 수 있게 하시고, 친구의 이야기를 듣는 지혜로운 귀를 허락하소서. 우리가 함께 걷는 길이 안전하고 평탄하게 하소서. 그가 비추어지도록 내 영혼의 호수를 맑게 하소서. 당신이 그와 연합하기를 원하시므로, 당신이 그가 건강하고 사랑스럽고 강인하기를 원하시므로, 당신의 아름다움과 지혜를 그에게서 보도록 나를 인도하소서. 그가 길을 선택할 때, 경의와 존경을 품게 하소서. 자유롭고 기쁘게 걸어가도록 그를 축복하게 하소서. 우리가 다르더라도 우리가 하나 되는 평화로운 처소가 있음을 다시 보게 하소서.

좋은 촉을 갖지 못하면 어떻게 될까? 다음은 그 안 좋은 예다.

온종일 업무에 시달리다가 간만에 마련된 회식 시간. 오 과장은 이렇게 시작한다.

"진작 이런 자리를 가졌어야 하는데…. 우선 미안하고, 무엇보다도 오전에 왔던 감사 자료 있었잖아…."

오 과장은 부하 직원들이 잔을 몇 번이나 들었다 놨다 하는 모습을 눈치채지 못한 채 업무 얘기를 계속한다. 결국 '이 모든 걸 위하여'로 시작된 회식 자리는 오 과장의 제2부 스테이지로 넘어간다. 그동안에 있었던 미안한 일들과 그에 따른 변명이 이어지는 것이다. 사안 발생, 처리 과정에 대한 지적, 사과와 변명으로 이어지는 오 과장의 회식 자리는 한 번도 틀을 벗어나지 않는다. 늘 단조롭고 지루하다. 나 홀로 건배사가 늘어지고, 같은 주제에서 맴돌고, 변명이 거듭되고, 상대의 생각과 무관한 일방적 감정 표현이 난무한다. 마침내 술을 강요하기 시작한다.

"야, 몇 번을 말해! 그땐 미안하다고 했지? 됐고! 자 마셔!"

이쯤 되면 회식의 파장 신호가 여기저기서 뜬다. 몇은 턱을 받친 채 졸음과 싸우고, 몇은 오 과장의 레이더를 피해 화장실로 숨어들고, 몇은 가방을 입구 쪽으로 밀어놓고 기동 이탈을 준비한다. 그야말로 회식이 아닌, 야근으로 이어져 업무에 시달리는 형국이다.

자나 깨나 '업무 철저'를 입에 달고 사는 오 과장은 그런 만큼 직장에서 인정받을까? 부하 직원들에게 그는 상사에게 받은 스트레스를 푸는 수단으로 회식하는 사람 그 이상도 이하도 아니다. 진정한 소통이 없기에 진짜 자기편을 만들지 못한다. 결국 오 과장은 직장 동료들의 무관심 속에서 명예롭지 못한 명예퇴직을 맞이한다.

소통할 때는 촉을 세우고 하자. 상대의 감정 상태에 따라 적절히 표현하고 상대방의 관심사를 파악하자. 인기 있는 사람은 상대의 마음 상태를 정확히 읽어 교감한다.

"윤 대리, 주말에 좋은 일 있었어요? 좋아 보여요."

"아까는 기분이 좀 그랬죠? 사안이 중요하니, 잘 챙기자는 뜻이었어요."

인기 있는 사람은 혹 기분 나쁜 당혹스런 질문을 받을지라도 "아니, 그렇게 심오한 질문을? 제가 거기까지 생각하지 못했네요" 하며 솔직하게 자기 속내를 표현한다.

상대에 따라, 상황에 따라 적절하게 말하자. 그러면 다양한 사람을 친구로 만들 수 있다. 여러 사람이 찾는 인기인이 될 것임은 물론이다.

상대가 자기 이야기를 하도록
유도한다

"다들 수고 많은데, 한 달을 시작하기 전 몇 가지 전달 사항이 있으니까 모두 모여봐요."

팀장의 '전달 사항'이 인쇄된 종이가 건네진다. 빼곡하게 들어찬 글자들을 보자마자 가슴이 답답해진다.

"뭐 매달 하는 얘기지만, 고객 리스트 철저하게 점검해서 만기 미수금 같은 거 최소로 줄이고, 김 대리는 잔금 미납자들 독촉 전화 늦추지 말고, 아! 오 대리는 보고서 왜 안 올려? 최 계장, 정 계장은 뭐냐, 매달 하는 얘기지만 출퇴근 시간 좀 잘 지켜. 부장님 입에서 복무 얘기 같은 거 안 나오게 직원들 단속 좀 하고, 뭐 매달 하는 얘기지만 영업 실적 다른 팀에 뒤처지지 않게 미리미리 계획들 세우고… 내가 길게 말했는데…. 할 말들 있나? 없지? 뭐 늘 강조하는 거니까. 그만하지, 뭐."

모두가 금세 피곤해진다. 쏴아, 쏴아. 탁자에 놓여 있던 직원들의 찻잔 속 식어버린 커피와 녹차는 싱크대 배수구가 다 마셔버린다. 월요일, 회의는 그렇게 끝난다. 지난주 살려놓은 사무실 분위기는 월요일 회의 때 팀장의 독단적인 말주변으로 말미암아 단숨에 무너졌다.

"은퇴해서 가장 경계해야 할 것은 인색해지는 것이다."

나의 멘토 백승언 전 교육장의 말씀이다. 여기에는 원초적인 구두쇠 경계는 물론 끝도 없이 자기 자랑을 하는 등의 독단적 대화 경계도 포함된다. 상대방이 더 말하도록 배려하며 조금 더 낮은 자세로 희생을 감수하면 사람을 얻을 수 있다는 게 그분 말씀의 요지다.

대화 시 누구나 자기의 관심 분야를 말하길 원한다. 자신이 중요한 사실을 말했을 때 상대가 잘 들어주면 신이 나게 마련이다. 그러나 이때가 정말 주의해야 할 시점이다. 신난다고 결코 혼자서 계속 말해선 안 된다. 내 이야기를 잘 들어준 만큼 이제 상대가 자기 이야기를 할 수 있도록 주도권을 넘겨줘야 한다. 온전히 경청하며 상대를 배려할 때 진면목이 부각된다. 핵심만 짧게 말하고 상대에게 이야기할 기회를 전폭적으로 주는 사람은 인기를 독차지하게 된다. 주위에 그를 필요로 하는 사람이 많아지기 때문이다.

물론 쉽지 않은 일이다. 그러나 그렇게만 한다면 혹 말 때문에 구겨진 현재 모습을 바꿀 수 있다. 최소한 상대방에게 70퍼센트 이상, 아니 할 수만 있다면 다 건네주자. 상대의 관심 분야나 성공담을 충분히 들어주자. 누구나 자신의 지난날을 돌아보며 자신이 어떻게 그 험한

고비를 이겨내고 현재의 성공을 일구어냈는지 말하고 싶어 한다. 그러니 상대방이 자신의 성공담을 신나게 말할 수 있게 공감해주자. 그렇게 진심으로 손뼉을 쳐준다면 그 사람은 당신에게 틀림없이 호감을 가질 것이다. 거듭 강조한다. 사람들에게 호감을 얻으려면 상대가 자기 이야기를 하도록 유도해야 한다.

나누어줄 것이 있는가? 나눔 중에서 가장 큰 것은 '그의 관심 분야와 성공담을 말할 기회를 주는 것'이다. 윌리엄 아서는 이렇게 말했다.

"나에게 아첨하면 나는 그대를 믿지 않을지 모른다. 나를 비평하면 나는 그대를 좋아하지 않을지도 모른다. 나를 무시하면 나는 그대를 용서하지 않을지도 모른다. 나를 격려하면 나는 그대를 잊지 않을지도 모른다. 따뜻한 격려 한마디로 우리는 용기를 얻고 중요한 일을 결단하며 그로 말미암아 위대한 성취를 이룰 수 있다. 역사는 누군가의 격려로 위대한 일을 성취한 사람들 이야기로 가득 차 있다."

"당신은 줄 것이 있는 사람인가, 그것도 주저 없이?"

이 질문에 어떻게 답하겠는가? 무엇이든 즉시 떠오르는 것을 말해보자. 이럴 때는 지금 당장 내가 받고 싶은 것이 있는지를 생각해보면 된다. 결국 '말'이지 싶다. 당신이 가장 하고 싶은 말을 상대가 할 수 있도록 기회를 주자. 가장 하고 싶은 이야기를 할 기회를 주는 것은 돈이나 사회적 지위가 필요하지 않다. 위로, 초대, 애정 표현, 웃음, 경청, 인내, 격려, 공감, 심지어 기차 옆자리에서 졸고 있을 때 부담 없이 내어줄 어깨에 이르기까지 상대에게 무언가를 주는 일은 당신의 기회를 확장하는 계기가 된다. 대니 토머스는 "성공은 우리가 얻는 것이나 성취하는 것과 아무 관련이 없다. 오직 우리가 남을 위해 무엇을 하느냐에 달려 있다"고 했다.

살아오면서 내가 가장 받고 싶었던 것은 격려였다. 고등학교를 졸업한 뒤, 홀로 1년 벌고 1년 다니는 대학 시절을 보내면서 듣고 싶었던 말은 "수고가 많구나", "힘내자", "잘하고 있다", "응원한다" 등등의 말이었다. 하루살이 같았던 그 시절을 300원짜리 잔술과 문고판 책으로 버틸 수 있었는데, 더 근원적인 힘은 고등학교 1학년 때 독일어 선생님이 해주신 "너는 뭘 해도 잘할 거야"라는 응원 한마디였다.

사회에 나와서도 내가 그토록 하고 싶은 말을 할 기회는 좀처럼 주어지지 않았다. 그러나 기회를 상대에게 건넸을 때 나에게도 말을 할 기회가 돌아온다는 사실을 알게 되었다. 내가 받고 싶은 것들은 상대에게 기회를 먼저 주었을 때 마술처럼 찾아왔다. '주는 즐거움'은 궁리가 필요 없다. 이는 선택의 문제도 아니다. 에리히 프롬은 말했다.

"우리 안의 살아 있는 모든 것, 즉 관심과 이해, 지식, 유머 등 좋은 것 모두 다른 이들에게 줄 수 있다."

마음에서 우러나는 베풂으로 우리는 더 깊이 있는 삶을 경험하고 진정한 즐거움을 맛볼 수 있다.

인생 마흔이 넘었음에도 줄 것이 있는지 고민을 해봐야 한다면 우선 말본새부터 돌아보자. 사실, 아낌없이 줄 것은 생각이 필요 없다. 준비가 필요한 것도 아니다. 아무리 생각해보아도 줄 것이 없다면 궁하기 짝이 없는 인생을 사는 것이다. 나눔은 나눈 수의 곱절만큼 항상 보상이 따른다. 둘을 갖고 싶은가? 그러면 둘을 내어주어라.

줄 것은 고사하고 나 하나 건사하기도 힘겨운 후반기를 살고 있다면, 인생의 재고 정리를 검토하자. 나 하나의 몸을 건사하기 위해 하루하루를 살아왔고 40년을 넘게 분투한 후에도 '줄 것이 없는 인생'이라면 말하는 방식을 돌아보아야 한다.

당신은 주변 사람들에게 그들의 성공담과 삶의 여정에 얼마나 말할 기회를 주었는가?

앞서 등장한 팀장은 "내 인생은 말로 다 할 수 없고 책을 써도 모자랄 지경이다"라며 역전의 용사 같은 말을 입에 달고 살았다. 그러나 불행하게도 그 말을 들어줄 사람이 없었다. "다른 사람의 구차한 변명을 들어줄 용의도 시간도 없다"는 게 그의 평소 말본새였기 때문이다. 직원들은 그에게 하고 싶은 말이 너무도 많았던 나머지 동료 평가에서 가차 없이 쏟아냈다. 재교육과 적응교육을 반복하는 팀장의 모습은 상대에게 말할 기회를 주는 것이 얼마나 중요한지를 보여준다.

상대가 자기 이야기를 하도록 유도하자. 상대에게 자기의 이야기를 할 기회를 주는 것은 일자리를 찾는 사람에게 채용 기회를 주는 것만큼이나 희소식이다. 동시에 돈 들이지 않고 당신의 평가를 높이는 기회이다.

지적보다 질문을 통해
스스로 깨닫게 한다

'지적인 사람은 지적을 하지 않는다'는 말이 있다. 지적은 결과에 대한 평가를 당사자에게 구체적으로 표현하는 것이다. 그러나 그 효과는 어떤가? 지적 속에는 이런 말들이 숨어 있다.

"네가 만일 그렇게 했더라면 일이 이렇게 되지는 않았을 텐데!"

"너는 왜 항상 그 모양이지?"

"너 같은 사람 때문에 내가 힘들어!"

"너는 왜 그 자리에 붙어 있는 거지?"

"그러니까 내가 뭐랬어?"

직장 상사가 지적하는 것의 80퍼센트 이상은 그의 관리감독 소홀 등 직무 유기로 발생한 경우다. 그러나 지적 속에 정작 당사자인 '자신'은 빠져 있다. 지적을 당하는 사람의 입장에서 결코 수긍할 수 없는 부분이다. 그럼에도 반드시 지적을 해야 직성이 풀리는 사람이 있다. 그런 이는 정말로 염치가 없는 사람이다.

대체적으로 지적의 효과는 그리 좋지 않다. 지적받은 사람의 느낌은 어떤가? "에이, 정말 나는 한심한 놈이야!" 하며 자기반성을 할 수도 있겠지만, 많은 경우 "내가 정말 가족들만 아니면 이놈의 직장 당장 때려치운다, 때려치워!" 하며 분통을 터뜨린다. 지적 속에는 대개 부정의 극단적 표현이 들어 있다. '항상', '매번', '꼭', '왜', '늘' 등을 낙인처럼 붙인다. 과연 그런가? 실수를 한 사람은 항상 매번 그런 사람인가? 그런 이라면 이미 직장에 붙어 있지도 못할 것이다. 그는 수많은 업무를 추진하면서 한두 번 실수를 한 것이다. 오히려 모범적으로 일을 수행하며 성실하게 근무한 사람임에 틀림없다. 그런 사람이 부정의 극단적인 지적을 당하면 기분이 어떨까?

셰익스피어는 말했다.

"본래부터 좋거나 나쁜 일은 없다. 생각이 그렇게 만들 뿐이다."

그렇다. 결과에 대한 해석이 상황을 악화시킬 뿐이다. 지적을 하면 상황이 과장되고 뒤따르는 감정과 결과 또한 커 보이기 십상이다.

임상심리 전문가이자 중독 전문가인 백석대학교 조성희 교수는 상담을 전공하는 대학원생들에게 난감한 질문을 받을 때가 많다.

"성중독자가 교수님께 당신의 성생활은 어떠냐고 물으면 어떻게 대답하시겠어요?"

"나는 잘 모르겠네요. 선생님 같으면 어떻게 대답하시겠어요?"

나는 수업을 들으면서 이런 장면을 여러 번 목격했다. 그분은 전문가로서 당신이 분명히 대답할 수 없는 질문에 대해서는 "나는 모르겠어요, 당신은 어떻게 생각하세요?"라고 역으로 질문한다. 그분의 대답은 언제나 명쾌하고 정확하게 들린다. 질문을 한 사람에게 공을 돌려 스스로 깨닫게 하는 그분만의 방식이 신선하게 다가오는 이유다. 나는 그분이 누군가를 지적하는 모습을 본 적이 없다. 그러나 그분의 강의는 따뜻하면서도 밀도가 있다. 매시간 쪽지시험과 더불어 왜 공부를 해야 하는지에 대한 에세이 쓰기를 주문하기도 한다.

상담 박사 과정 학생들과의 첫 수업에서 그분은 이렇게 질문했다.

"선생님들은 왜 박사 과정을 시작했나요?"

'상담소를 차리려고', '상담 분야의 필수 조건이라서', '전문성을 확보하기 위해서', '상담에 대한 신뢰도를 높이려고', '교수가 되려고', '1급 상담심리사의 필수 요건이라서' 등등 다양한 이유가 쏟아졌다. 나의 경우는 부끄럽게도 '노후 대책' 때문이었다. 그분은 침묵을 유지한 채 학우들을 둘러보았다.

"줄 것이 있나요? 공부는 나누어주려고 하는 거예요. 공부를 해야 나누고, 나누고 또 나누어도 마르지 않는 샘을 가질 수 있지요. 돈을 벌려거든 장사를 하세요. 교수가 되려거든 유학을 가세요. 높은 자리를 차지하려거든 정치를 하시고요. 힘들게 공부하는 이유를 명확하게 정하고 공부하셔야 합니다."

2012년 3월의 일이다. 그날 저녁 나는 잠을 이루지 못했다. 망치로 뒤통수를 얻어맞은 기분이었다. '마르지 않는 샘물', '줄 것' 앞에서 노후 대책을 말했던 내가 그렇게 초라해 보일 수가 없었다. 그날 밤을 새우며 나는 《갈매기의 꿈》을 읽었다. 어부가 던져주는 썩은 고기를 기다리며 살아온 세월이 아깝게 느껴졌다. 그날 여명이 밝아오는 새벽을 틈타 조나단은 이렇게 말했다.

"내가 어떤 지위를 얻고 무엇을 하는 새인지는 중요하지 않아. 어부들이 던져주는 썩은 고기를 기다리며 보내는 하루는 내게 아무런 의미가 없어. 나는 내가 무엇을 할 수 있고 무엇을 할 수 없는지 그것을 알고 싶어."

내 공부의 사명은 그때부터 '마르지 않는 샘'으로 바뀌었다.

내가 공무원이 된 이유는 소설가 장정일 때문이다. '내 꿈은 동사무소의 하급 공무원이나 하면서 아침 9시에 출근하고 오후 5시에 퇴근하여 집에 돌아와 발 씻고 침대에 드러누워 새벽 2시까지 책을 읽는 것'이라는 말이 머릿속에 맴돌았다. 그때 나는 회사에 사표를 던지고 자취방에 돌아오는 길이었다. 장정일 작가가《햄버거에 대한 명상》,《아담이 눈뜰 때》를 쓸 무렵 나는 그의 책과 생각을 이곳저곳에서 훔쳐보며 개미핥기처럼 살았다. 자취방을 가득 메운 출처를 알 수 없는 책들이 모아 전해준 말이었다.

나는 그렇게 소설가 장정일이 꿈꾸던 공무원이 되었다. 그러나 6시에 퇴근해서 마음껏 책을 읽는 생활은 그리 오래가지 못했다. 책을 읽어야 할 필요성을 점점 잃어갔기 때문이다. 국방부 시계처럼 시간은 지나고 월급은 꾸준히 나왔다. 다크서클이 입술까지 내려오도록 행사에 치인 날이나, 하루 온종일 숫자를 들여다보며 결산 금액을 맞추며 씨름한 날이나, 생각은 한 발짝도 변하지 않았다. 읽고 싶은 책도 점점 줄어들었다. 뭐 꼭 책을 읽어야 할 필요를 느끼지 못했다.

그러던 어느 날 과장에게 지적을 당했다.

"자네는 왜 만날 그 모양이야? 옷도 한철 내내 똑같고, 매일 늦고, 윗사람이 말하면 시큰둥하고 말이야. 그러니까 중요한 입찰에서 오류가 발생하는 거 아니야! 이거 누가 책임질 거야?"

사실, 내 잘못이 아니었다. 공사 입찰 시 입찰서를 수기로 기재하여 제출하던 시절이었다. 사람이 몰려들다 보니 입찰 관련해서 여러 논쟁이 벌어지기 일쑤였다. 입찰서를 개봉하는 동안 낙찰가에 가까운 미리 준비한 입찰서를 이미 개봉한 입찰서 위로 던져놓고 시치미를 떼며 우겨대는 일도 부지기수였다. 그래서 개찰하는 날은 항상 조폭과 경찰이 마주하곤 했다.

그 불합리를 타계할 해법으로 OMR카드로 입찰하는 제도가 도입되었다. 개찰은 카드 리더기로 진행되었다. 처음 도입은 항상 시행착오가 있게 마련이다. 입찰서 용지가 눅눅해져서 리더기에 두 장의 카드가 겹쳐 지나간 일이 벌어진 것이다. 1등 입찰자가 리더기에 읽히지 못하여 2등 입찰자가 낙찰자로 선정된 것이다. 처리 방법은 2등 입찰자에게 오류 사실을 얘기하고 1등 입찰자에게 사과와 함께 낙찰 사실을 통보하는 것이었다. 그러나 나는 과장이 "이거 왜 이렇게 된 거야! 누가 책임질 거야? 그러니 내가 뭐랬어. 미리 철저히 준비하랬잖아"의 지적에 시간을 빼앗겨 해결책을 시행할 시간을 놓치고 말았다.

낙찰자를 통보하지 못하고 망설이는 동안 투찰한 업체에서 전화가 먼저 오고 혹 낙찰 조작이 있지 않은가 하는 오해까지 사게 되었다. 나는 과장의 말을 한 귀로 흘려버리고 카드 리더기 제조업체와 입찰

프로그램 제작업체에 연락하여 리더기의 착오 가능성에 대한 해명서를 받아두었다. 그러고는 두 업체에 전화를 걸어 사실을 얘기했다.

"리더기의 오류로 낙찰자가 잘못 도출되었습니다. 착오 내용에 대하여 아래와 같이 알려드리니 방문하여 확인해주시기 바랍니다."

1등으로 낙찰되었던 업체는 입찰서 조작 의혹을 제기하였고, 리더기의 착오로 탈락할 뻔했던 2등 업체는 관공서의 업무 미숙에 대하여 민원을 제기하는 등 적지 않은 원성에 시달렸다. 지적 대신에 질문을 통해 신속한 해결 방안을 강구했더라면 원만히 해결될 수 있는 일이었다. "해결 방법은 어떤 거지? 우선 입찰 프로그램 업체에게 연락하면 어떨까?" 등의 질문이 우선되었더라면 의혹과 민원은 없었을 사안이었다.

그날 저녁 내내 과장의 지적 때문에 기분이 울적했다. '내가 왜 저런 인간의 지적을 받는 사람이 되었을까?', '이놈의 직장을 때려치워야 하나?' 등등의 자괴감에 빠졌다. 그날 저녁 나는 대화법 관련 책을 통하여 지적 대신 질문을 던지는 것이, 후회 대신 반성을 하는 것이 대인관계에서 통한다는 사실을 깨달았다.

지적보다 질문을 통해 스스로를 깨닫게 하자. 인기 있는 사람은 지적 대신 질문을 한다. 인기 TV 프로그램 〈무한도전〉의 유재석은 지적 대신 질문을 잘한다. 늦게 스튜디오에 도착한 멤버들에게 지각 사실을 지적하는 대신에 "왜 이렇게 늦었습니까?" 하며 유쾌하게 상대의 민망함을 건드린다.

지적 대신 질문을 하자. 지적을 하면 지적당한 사람은 후회를 하지만, 질문받은 사람은 반성을 한다. 그로부터 나오는 결과는 하늘과 땅 차이다. 지적은 유쾌하지 못한, 비효율적인 지시등이다. 심한 경우 어찌할 수 없는 불행을 야기하기도 한다.

성적을 놓고 빈번히 지적하는 부모 때문에 자살한 중학생이 있었다. 지적의 모멸감을 견디지 못하고 죽음을 택한 자식 앞에서 부모는 후회하며 통한의 눈물을 흘렸다. 부모 눈에 차지 않는 자식도 질문을 통해 마음을 들여다보면 나름대로 꿈이 있고 계획이 있다. 나름의 장점이 있고 삶에 대한 갈망도 있다. 그 중학생은 부모의 지적으로 말미암아 세상에 꽃을 피워보지도 못한 채 속앓이를 하다가 삶을 등졌다. 잘못된 지적으로 자식 죽이고 통곡할 상황을 만들지 말자. 그런 끔찍한 일을 야기할 수도 있는 지적 대신 질문을 하자.

꼭 지적하고 싶은 일이 있다면, 그 대상을 먼저 나 자신에게로 돌려보자.

- 나는 남을 지적할 만큼 상대를 이해하고 있는가?
- 나는 남을 지적할 만큼 준비된 사람인가?
- 나는 과연 허물이 없는가?

상대를 지적하기 전에 반드시 먼저 해야 할 질문들이다.

사람을 사로잡는 첫인상 대화법

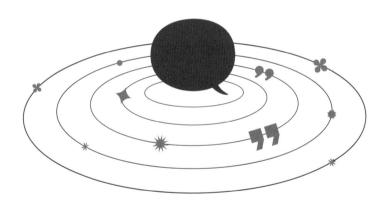

첫인상은
첫마디에 결정된다

앤드루 카네기는 말했다.

"미소는 '당신을 좋아한다', '당신은 나를 행복하게 만든다', '당신을 만나게 되어 기쁘다'는 뜻을 전한다."

이 말을 딱 연상시키는 분이 있다. 내 삶의 또 다른 멘토, 박상백 교장이다. 항상 미소를 머금는 그분의 간명한 첫마디는 "즐겁게 생활합시다"이다. 말은 부드럽고 내용은 솔직 담백하다. 물론 처음에는 선문답 같은 말씀을 하시는 통에 낯설었다. 그러나 그분이 신지식인, 대한민국 영재교육의 일인자, 수많은 화학 참고서의 저자라는 사실을 알게 된 후부터 그 언행 스타일을 이해할 수 있었다.

고학으로 학교를 다닌 경험 때문인지 나는 일찍 자립하는 법을 배웠다. 인생의 본게임을 준비하던 20대 때는 끝없이 떠돌며 방황했다. 직장생활을 하면서도 자리를 찾아다니지는 않았다. 보직이 필요하면 그 보직이 나를 부를 것이라는 믿음으로 생활했다. 개인적으로 나는, 직장은 사축(私蓄)과 유사하다고 생각한다. 노예와 다르지 않다는 얘기다. 그러니 우선 첫인상을 망치면 찍히기 십상이다. 선택의 여지가 없다면 방법은 하나다. 충분히 역할을 해내는 것이다. 어떤 보직을 맡게 되든 최선으로 탁월한 성과를 내서 좋은 인상을 심어주면 된다. 아무튼 나는 그런 '근무 철학' 덕분에 늘 예기치 못한 시련을 경험했다.

첫 근무지 여주를 떠나 난생처음 분당이라는 도시에서 신설학교를 설립하는 일에 매진했다. 처음 갔을 때 산 밑 정문도 설치되지 않은 운동장에서 포클레인이 평탄 작업을 하고 있었다. 함박눈이 하염없이 내리는 그곳에 사업자등록을 내고, 첫 손님을 맞이하기 위해 책걸상을 사고, 아이들의 교복을 준비하고, 새로운 아이들의 학교 적응을 위해 '또래상담반'을 운영하며 보냈다.

신설이라는 이유로 입학을 꺼리던 학교는 개교 3년 만에 학부모들의 호감을 받는 학교로 성장했다. 학교 뒤편의 '바람의 광장'을 바라보며 '또래상담반' 아이들과 함께 나눈 영화 제목 같은 닉네임들은 지금도 내 머릿속에 선명하게 남아 있다. 하늘정원, 피아노의 숲, 친구야 기다려라, 흐르는 강물처럼, 말괄량이의 파티, 내 이름은 로큰롤….

그 행복한 근무지를 떠나 이동해야 할 시점이 다가왔다. 인사철이 되면 모두 술렁대며 새로운 근무지에 대하여 '물밑 작업'도 하고 미리 입을 맞추며 근무지를 조율한다. 그러나 나는 '무엇'보다는 '어떻게'가 중요하다고 생각하여 이렇다 할 '작업'을 하지 않았다. 물론 생활 자체가 '작업'과는 상관없는 삶을 살아왔기에 사람들이 작업하는 이유를 이해하기까지 어느 정도 시간이 필요했다.

사회란 참 복잡한 듯하면서도 단순하다. 누구나 기피하는 임지에 발령이 나는 사람은 꼭 '또라이'들이다. 이것은 마치 진리처럼 들어맞는다. 아니나 다를까. 나는 '작업'하지 않은 대가를 톡톡히 치렀다. 새 근무지에서 앞서 언급한 편집증적 성격장애의 상관을 만났고, 그에게서 "어이, 당신은 안 그럴 거지? 내가 전임자 애들은 모두 보내버렸거든. 하여튼 나이든 놈들은 일에도 관심이 없어"라는 무시무시한 말을 들어야 했던 것이다. 첫마디로 결정된 첫인상은 앞서 말했다시피 30년 넘게 몸담은 일터를 떠나는 결과를 초래할 만큼 파급력이 크다.

첫인상이 좋으면 성공적인 인생으로 이어질 수 있다. 요즘 같은 취업난 시대에, 더군다나 면접의 비중이 더 커진 상황에서 첫인상의 중요성은 더 말해 무엇하랴. 첫인상에서 자신감 없는 말을 한다면 다 된 밥에 코 빠뜨리는 격이다. 입사해서도 마찬가지다. 낯선 누군가를 만나야 하고 그와의 관계를 시작하기 위해서는 반드시 거쳐야 할 첫 관문이 바로 첫인상이다.

첫인상을 좋게 심어주기 위한 첫마디는 표정에서부터 시작되어야 한다. 호감 가는 첫마디는 표정과 일치하는 말이다. 시작은 '감사'로 하자. 어떤 만남이든 당신을 위해 그 귀중한 시간을 할애한 상대에게 일단 진심을 담아 "감사합니다"로 표현하자. 그다음에 해야 할 첫인상의 요건이 빈번히 미소를 던지는 것이다. 마음에도 없는 '썩은 미소'로 화를 자초하지 않도록 주의하되, 할 수만 있다면 밝게 미소하자.

처음 만나는 자리에서는 **첫째, 마음에 등불을 켜듯 더욱 밝은 미소로 시작**하자.

둘째, 당당하고 정중하게 인사하자. 주눅이 든 혹은 겁먹은 형식적인 인사가 아닌, 밝고 정중한 인사로 상대를 기분 좋게 하자.

셋째, 자세에 신경을 쓰자. 자유분방하며 솔직한 인상은 상대방이 느껴야 하는 것이다. 가급적 손은 몸 앞쪽으로 가지런히 맞대고 어깨는 펴자. 발은 바로 세우는 것이 좋고 앉은 자리에서는 상대의 눈을 보자. 대화 도중 휴대전화를 흘끔거리거나 턱을 고여서 상대를 쏘아보는 것은 첫인상을 망치기로 작정한 짓이다.

넷째, 대화에 신경 쓰자. 첫인상에서 주의할 것은 툭 끊어지는 대화다. 처음이니만큼 서로 낯선 것은 어쩔 수 없다. 하지만 그런 상황에서도 유머나 가벼운 농담 정도를 할 여유를 갖자.

다섯째, 첫 만남의 순간에 먼저 손을 내밀어 눈을 보며 악수하자. 이때 첫인사와 동시에 짧은 칭찬의 말을 곁들이면 부드러운 분위기를 유도할 수 있다. "인상이 참 좋으시네요", "피부가 좋으세요", "블라우스가 봄을 느끼게 하네요" 등 상황에 따른 상대의 모습을 있는 그대로 표현하자.

여섯째, 솔직하고 담백한 인상을 주자. 다만, 첫 만남에서 주절주절 자신을 내세우거나 상대를 떠보는 듯한 말투는 삼가자.

첫인상은 첫마디에서 결정된다. 인상적인 첫마디를 위해서는 미소와 예의를 갖추고 먼저 손을 내밀며 솔직하게 대화하자. 첫마디에 준비가 부족하여 실수를 할지라도 밝은 미소와 솔직한 말투를 상대가 마음으로 느꼈다면 첫 만남은 성공이다. 인기 있는 사람이 되기 위해서는 1장에서 말한 덕목들을 갖추어야 한다. 그 첫 관문에 첫마디가 있다. 만나서 채 5분도 되지 않았는데 지루한 사람이 될 것인지, 함께한 긴 시간이 아쉽게 느껴질 만큼 기대되는 사람이 될 것인지는 첫 만남에서 좌우된다.

걸작 같은 사람들이 있다. 나는 이런 분들이 세상을 이끌어간다는 믿음을 가지고 있다. 이들은 일생을 심장에 새겨 두고두고 내 삶의 지표로 삼아야 할 분들이다. 작은 거인 정문성 박사, 여성 류시화 류효정 시인, 박연출 여행식객, 기도하는 김순희 집사, 김태호 집사, 백현희 집사, 조성희 교수님, 동기면담 훈련가 김기은, 임성철, 사진작가 이향실, 캘리그래퍼 정형심, 기도하며 노래하는 박상백 교장, 사유하는 배혜숙 교장, 공감하는 박정희 교장, 경청하고 행하는 한일미 교장, 제주의 긍지 임영준 국장, 진해의 아우라 김갑진 교장, 대전의 낭만파 박선자 원장, 광주의 현자 김도영 교장, 경남교육의 미래파 백장용 프로, 기도대로 되는 김대조 목사, 꿈대로 되는 송희진 작가, 이 시대의 살아 있는 침구사 이문태, 전승문, 박효숙, 홍인표, 서주연 그리고 조선의 침구 지킴이 동양의학 표준과학원의 김종성 총재, 마루야마 겐지, 김훈, 한강, 장정일, 이순신, 안중근, 신영복, 그리고 이 책을 읽으며 걸작을 준비하는 독자 여러분…. 그리고 이 책을 읽으며 걸작을 준비하는 독자 여러분….

걸작들은 하나같이 첫인상에서 느껴지는 눈빛이 좋다. 빠져들면 깊은 심연 속을 유영할 수 있을 것만 같은 깊고 따뜻한 눈빛이다. 나는 그 눈빛을 그들이 쓴 글에서도 느낀다. 가슴을 훅 파고드는 언어들! 한강의 '겨울은 견디고 봄은 기뻤다', 이순신의 '남의 애를 끊나니' 라마나 마하르쉬의 '너무 애쓰지 마라', 마루야마 겐지의 '차갑고, 그립고, 서글픈 바람이다', 김훈의 '밥벌이의 지겨움, 우리는 다들 끌어안고 울고 싶다' 등등….

인생에 걸작이 될 것인가? 걸레가 될 것인가? 인기를 더할수록 더 겸손해지고 섬기는 이타심을 가진 이들을 나는 '걸작'이라고 부른다. 나는 대화 속에서 걸작이 되는 방법을 안내하고자 한다. 그 시작점이 첫인상이다. 첫마디로 비롯된 첫인상은 그가 걸작인지 세탁이 필요한 걸레인지 가늠하는 첫걸음이다.

물론 세상에 완벽한 사람이란 없다. 그러나 날마다 미지의 상대를 만날 준비를 하면서 걸작에 감동하고 걸레를 동정하며 사랑하는 방법을 궁리하는 대화, 그것이 내가 이 장을 시작하는 이유다.

첫 만남의 어색한 대화 속에서 짜릿한 감동을 전해주며 긍정적 에너지를 느끼게 하는 사람을 만나는 일은 그야말로 예술이다. 그런 사람이 걸작이다. 걸작을 품은 사람은 감동을 느끼게 한다. 걸작이 하루아침에 만들어지지 않듯이 걸레 역시 하루아침에 만들어진 것이 아니다. 걸레는 세탁하여 먼지를 털어내면 걸작이 될 수 있다. 반드시 손빨래가 필요한 걸레들도 있다. 그러나 관건은 누가 기꺼이 남아 손빨래를 자처할 것이냐다.

거듭 말하지만 첫인상은 첫마디로 결정된다. 행여 방향을 잃었다고 실망하지 말자. 잃어버린 방향을 바른 길로 안내하는 면담이 있으니, 바로 동기면담이다. 동기면담은 협동, 동정, 수용, 유발의 대화 방법으로 실수를 이겨내는 대화법이다. 대한민국의 동기면담 훈련가, 일명 K-MINT(Korea-Motivational Interviewing Network of Trainers)들을 만나 '변화대화'를 시작한다면 누구나 변화의 산을 넘어 성장할 수 있다.

다음은 동기면담의 정신을 잘 보여주는 이야기다.

절망에 빠진 두 남자가 있었다.

"자네도 보았지? 우린 이제 희망이 없어. 우리를 구원해줄 분이 돌아가셨으니까. 하긴 고향에 간들 무슨 소용이 있을까?"

"그러게. 이제는 더 이상 희망이 없어."

이때 한 남자가 가까이 다가와 말했다.

"너희들 지금 무슨 얘기를 하는 거야? 희망이 없다니?"

"예수가 죽었다고, 이 한심한 사람아. 우린 그걸 다 지켜보았고. 우리가 그토록 믿었던 그분마저 돌아가셨다고!"

"세상에! 절망적이구나. 하지만 내가 함께해줄게."

"뭔 소리야? 우린 끝났다고! 더 이상의 희망은 없어. 그는 사라졌다고!"

"너희들 절망하는 모습 속에 그에 대한 열망이 보이는구나. 그를 많이 사랑하고 믿었구나?"

"당연하지. 우리가 사는 이유가 다 그분 때문이었는데! 그분이 돌아가셨다고!"

"그는 죽지 않아! 너희의 믿음이 있는 한 그는 죽지 않아!"

날이 저물도록 함께한 남자는 두 남자에게 떡을 주며 "희망을 잃지 마, 내가 너희와 함께할게"라는 메시지를 남겼다. 이때 두 남자의 가슴은 뜨겁게 달아오르며 희망의 불씨를 살렸다. 동행한 남자의 이름은? 예수였다.

첫마디로 결정되는 첫인상!

"세상에! 절망적이구나. 하지만 내가 함께해줄게."

첫 만남 후에 가슴속에 '따듯하다, 기대된다, 즐거웠다, 행복했다, 그 사람 걸작이네' 하는 인상을 주는 사람을 만났다면 성장을 기대해도 좋다. 요컨대 첫마디에 희망을 말하는 이는 걸작으로 가는 방향을 잡은 사람이다.

일단 긍정으로
첫마디를 시작한다

사석에서 인사과 선배와 술자리를 가졌다.

"선배님, A와 근무하신 적 있죠? 그 친구 참 똑똑한데 왜 아직 승진하지 못하는 걸까요? 선배님이 그때 힘 좀 써주시지 그랬어요?"

"걔는 안 돼! 그 자식은 무슨 일이든 시키는 것마다 안 된대. 명문대 나왔다고 건방이나 떨고 말이야."

선배와 3년을 같이 근무한 A는 여전히 진급을 못 하고 있다. 부정의 마인드가 뼛속까지 박혀 있기 때문이다.

당신은 대화를 어떻게 시작하는가? 우리가 할 수 있는 대화 스타일은 딱 두 가지다. 긍정으로 시작하는 것과 부정으로 시작하는 것! 긍정은 어떤 상황에서든 미소를 잃지 않게 하고 어떤 문제에서든 해결책을 도출해준다. 반면, 부정은 어떤 상황에서든 미소를 사라지게 하고 어떤 문제에서든 실패책을 도출해준다.

"염세주의자는 기회를 장애로 만드는 사람이고 낙관주의자는 장애를 기회로 만드는 사람이다."

해리 트루먼의 말이다. 드와이트 아이젠하워도 "염세주의자가 승리를 거둔 적은 단 한 번도 없었다"고 말했다.

긍정은 어두운 밤 험산을 넘는 데 길을 밝혀주는 손전등 같은 것이다. 긍정의 첫마디는 손전등을 켜는 일이다. 손전등을 켜야 산길을 볼 수 있고, 산길을 확인해야 험산을 넘을 수 있다. 이것이 긍정의 흐름이다.

긍정으로 시작하는 첫마디와 부정으로 시작하는 첫마디가 일상에 어떤 영향을 미치는지 아침 출근길에서 벌어진 일로 살펴보자.

사거리에서 우회전하던 예씨의 차를 뒤차가 추돌했다. 차에서 내린 그는 뒷목을 잡으며 뒤차 운전자에게 다가갔다. 그러고는 첫마디를 내뱉었다.

"저기, 다친 데는 없으세요?"

당황한 상대 운전자에게 그는 말을 이었다.

"감사하게도, 이만한 게 다행이에요. 혹시 모르니까 저는 병원 진단을 받아볼게요."

보험사 직원이 와 수습을 하는 동안, 그는 회사에도 교통사고 소식을 알렸다.

"감사하게도 딱히 다치지는 않았어요."

그는 후유증 대비 차원에서 병원에 들러 진단을 받고 대중교통으로 이동했다. 오랜만에 탄 버스 안에서 그는 차창 밖 녹음이 우거지기 시작한 풍광을 음미했다.

"사월이 잔인하다고? 이렇게 아름다운데? 사고 덕분에 이런 기분을 다 느끼고… 참 감사한 일이야."

출근길의 교통사고는 분명 그에게 시련이었지만 그는 그것을 또 다른 '축복'의 신호로 받아들였다. 그는 감사한 김에 회사 앞 커피숍에서 커피를 샀다. 그러고는 출근하여 동료들에게 돌렸다.

"커피 감사한데요. 그렇다고 이런 일 자주 있으면 안 되는 거 잘 아시죠?"

"감사할 따름입니다."

"저, 우리 형부가 자동차 정비소를 하세요. 진짜 베테랑인데 소개해드릴까요?"

감사한 마음으로 사무실 분위기는 화기애애해지고 그는 덤으로 좋은 정보까지 얻었다. 퇴근 후, 그는 하루 동안 일어났던 일들에 대해 다시 한 번 감사한 마음을 가지며 기쁜 마음으로 오붓한 저녁 시간을 맞이했다.

한편, 잔뜩 인상을 찌푸린 안씨는 모든 게 못마땅했다. 그는 아침 일을 다시 떠올렸다.

2차선에서 좌회전을 하던 그는 순간 온몸이 뻑적지근해졌다. 바짝 뒤따르던 트럭이 그의 차를 들이받은 것이었다. 그는 버럭 화를 내며 소리쳤다.

"제기랄, 어떤 놈이야? 바빠 죽겠는데! 아침부터 재수 옴 붙었어!"

그는 도로 한가운데에서 사고 운전자와 실랑이를 벌였다. 보험사 직원이 올 때까지 다툼은 계속되었다. 그는 보험사 직원과 견인차 기사에게 사고 수습을 떠맡긴 뒤 무작정 택시를 탔다. 짜증은 병원에 들러 진료를 받을 마음조차 삼킨 채 그를 직장으로 내달리게 했다. 그의 말대로 하루 종일 재수가 옴 붙었다. 이상하리만치 하는 일마다 꼬였다. 그의 입에서 끊임없이 불평이 터졌다.

"되는 일이 하나도 없어! 에이, 재수 없어! 늘 이 모양이야! 제길, 하루는 또 왜 이리 안 가는 거야?"

퇴근길 걸음마다 짜증의 '옴'이 신경질적으로 달라붙었다. 그는 후유증이 있을지도 모를 몸을 확실히 망가뜨리기로 작정했다.

"에라, 모르겠다. 술이나 빨자!"

긍정의 마인드와 부정의 마인드로부터 전개되는 상황은 이처럼 하늘과 땅 차이다. 긍정으로 첫마디를 시작하는 사람은 시련을 축복으로 바꾼다.

정보화로 말미암아 세상은 점점 더 복잡해지고 있다. 갖가지 정보의 범람 속에서 사람들은 아이러니하게도 자신의 문제를 스스로 해결하는 데 애를 먹는다. 제임스 프로차스카와 카를로 디클레멘트가 개발한 '변화단계 모델'이 있다. 현재의 문제가 무엇인지 진단하고 그 해결책을 찾아내기 위한 과정을 연구한 것으로, 변화의 과정은 인식 전·인식·준비·행동 실천·유지의 단계로 나뉜다. 변화에 대한 인식을 하지 못하는 인식 전 단계는 방황하는 단계다. 이 단계 말의 특징은 매사 부정적이고 현재 자신의 모습에 대한 후회와 낙담이 전부다. 인식 전 단계에서 문제를 인식하는 단계로 가는 첫걸음이 바로 긍정의 첫마디다. 긍정적인 첫마디로 상대의 동기를 있는 그대로 인정해주면 상대는 변화의 첫걸음을 내디딜 수 있게 된다.

돌아보면 나는 도통 웃을 일이 없는 사람이었다. 나는 격년으로 다니던 대학을 간신히 졸업하고 중소기업에 취업했다. 새내기 신입 사원 다섯 명은 여직원들의 관심을 한 몸에 받았지만 그것도 잠시였다. 이내 혹독한 야근으로 녹초가 되었다. 유통 전문 회사였는데 물량 파악, 재고조사, 시장 동향 파악 등등 끝없이 이어지는 업무들로 인해 토요일조차도 야근을 밥 먹듯이 해야 했다. 그러고는 자취방으로 돌아와 일요일 저녁까지 시체가 되기 일쑤였다.

어느 날인가는 늦잠을 자는 바람에 옷만 걸친 채 버스 정류장을 뛰어나간 적도 있다. 그러나 출근 버스는 좀처럼 오지 않았다. 서서히 초초해졌는데, 사실은 어처구니없게도 월요일 아침 7시가 아닌, 일요일 저녁 7시였다! 그렇게 인생에 대한 불안감이 밀려왔다.

'나는 왜 늘 시간에 쫓기고 돈에 쫓기며 살아가는가?'

고민하던 나는 결국 사표를 던졌다. 그때 사표는 내게 '사람답게 살겠다는 표시'의 의미였다. 내 삶이 왜 이토록 고달픈지 거울 앞에 서서 자문해보았다.

'왜 내게는 시련만 계속되는 거지? 인생에서 내 것은 어디 있지?'

거슬러 따져보니 내 인생은 부정의 말본새에 갇혀 있었다. 긴병에 효자 없다고 했던가. 아버지의 오랜 투병생활 때문에 생겨난 부정의 생각들이 가족 모두에게 전이되었다. 기울어가는 가세의 암울한 현실에 치인 한숨 소리, 앓는 소리, 희망 잃은 부정의 소리…. 그 부정적

암막에 갇혀 나는 좀처럼 웃지 못했다.

그때 읽었던 책들도 하나같이 우울한 내용의 시와 소설이었다. 그러던 어느 날, 《폰더 씨의 위대한 하루》의 문구 하나가 내 눈에 강렬히 들어왔다.

'자, 공은 여기서 멈춘다.'

그때 나는 생각했다.

'그래, 내 부정의 공은 여기서 멈춘다. 지금부터 출발이다.'

그다음 내가 뱉은 첫마디는 이거였다.

"나는 오늘 내 생애 가장 젊은 날을 맞이한다!"

가장 젊은 날이니 내일은 오늘만 못할 것이었다. 그러니 오늘을 최고로 살아야 했다. 오랜 방황 끝에 마침내 나는 부정에서 긍정으로 인생 스위치를 전환했다. 그리고 앞서 언급한 대로 소설가 장정일의 책 속 문구를 보고 공무원을 꿈꾸게 되었다. 그때 느낌은 '불안하게 쫓겨 다니며 하루살이처럼 사는 인생, 그 삶에 신물이 난 나머지 도피처를 찾아 헤매다 결국 찾아낸 등불' 같았다. 부조리가 싫어 그 중심으로 스며들고 싶은 삐뚤어진 욕망이 제대로 작용했다. 그때 내 주머니에는 3만 원이 있었다. 교육청 근처에 방을 얻었다. 계약금 50만 원에 월 8만 원짜리 월세였다. 나는 무작정 방을 얻은 뒤 돈은 월급 때 주겠노라 했다. 그날이 내 생애에서 제일 젊은 날이었다. 생애 제일의 젊은 날은 생애 최고의 날로 바뀌어갔다. 그래프로 그려보면 내 인생의 상승 곡선은 그때부터 시작되었다. 위기 때마다 더욱 규격을 이탈해버리는 내 삐뚤어진 창의력은 그때부터 시작되었다.

일단 긍정으로 첫마디를 시작하자. 발목 잡는 과거의 기억을 단호히 뿌리치자. 미래를 불안해하며 내뱉던 부정의 말들을 긍정의 첫마디로 바꾸자. 그토록 불안해하는 부정적 경우의 수를 긍정의 첫마디로 날려버리자. 내 인생의 축복, 아내를 만났을 때 나는 말했다.

"당신을 이렇게 내 생 최고의 날에 만날 줄 알았어. 이건 예정된 일이야!"

그때 아내는 이렇게 말했다.

"돈이나 좀 갖고 태어나시지. 가난뱅이 하나 구제해준 줄 아세요. 구질구질한 옷에 흙 묻은 신발, 모아놓은 돈도 없고 부모도 없고… 우리 엄마가 얼마나 반대하는 줄 알죠?"

아내를 만나서는 안 될 경우의 수는 수십만 가지였다. 그럼에도 나는 지금의 아내와 결혼했다. 긍정의 첫마디로, 내 생 최고의 날 예정된 순서에 따라!

하루가 시작되면 이렇게 첫마디를 시작하자.

"마침내 최고의 날이 밝았군. 오늘은 어떤 축제가 기다리고 있을까? 오늘은 어떤 걸작들을 만나게 될까? 걸레를 만나면? 내가 걸작이 되어 그를 도우면 되지. 다시 꿈을 꾸자. 밝게 미소하자. 그리고 감사하자."

예정된 성공과 축복은 긍정의 하루가 주는 선물이다. 지금 당장 부정의 길에서 유턴하자. 감사의 첫마디로 핸들을 잡고, 긍정의 첫마디로 액셀러레이터를 밟자.

2초 안에
상대를 사로잡아라

굴다리 철교 위에서 피에로 하나가 풍선을 든 채 익살을 부린다. 그 곁에서 단정한 양복 차림의 한 무리가 인사를 한다. 출근할 때마다 마주치는 이들의 정체는 자동차 영업 사원이다. 정말 부지런한 이들이다. 나는 그들을 또다시 인상적으로 인지한다. 아주 짧은 시간에 말이다. 굴다리를 흘끔 보는 데 0.2초, 피에로 복장 상의에 새겨진 휴대전화 번호를 보는 데 0.2초, 양쪽에 도열한 영업 사원들을 훑어보는 데 0.2초, '무슨 차 광고야?' 하며 그들의 대리점과 차종을 확인하는 데 0.3초, '그나저나 날씨가 이리 추운데 여전히 하네? 참 먹고살기 힘들다' 하며 인생살이를 생각하는 데 1.1초. 차를 구입하는 것과 어떻게 연결되는지 모르겠지만 분명 2초의 효과는 있다. 나는 지금도 그들의 소속 대리점과 그들이 홍보하는 차종을 정확히 기억하고 있으니까.

우리 일상에서 강렬한 인상을 남기는 데는 사실 많은 시간이 필요치 않다. 똑딱 흘러가는 순간적 시간이면 족한 것이다. 물론 전제되어야 할 중요한 것은 그 안에서 드러낼 그 무엇이다.

사람을 만나는 당신, 밝은 표정으로 기대감을 가지고 감사의 말을 장착했다면 일단 준비되었다 할 수 있다. 여기에 더 필요한 것은 사람과 교류하는 데에서의 효과적인 전달 포인트다. 짧은 시간에 어떻게? 답은 의외로 '상투적 표현'이다. 로널드 레이건 미국 전 대통령의 연설문을 담당했던 페기 누난은 이와 관련하여 이렇게 말했다.

"무엇보다 자신에게 어울리는 어조가 필요하다. 표현법이 자기보다 거창해서는 안 된다."

자기 자신을 과잉 포장하며 거창하게 표현하지 말자. 특히나 다음을 염두에 두는 말, 생각하게 하는 말, 철학적인 말, 스스로 감동한 말을 표현하는 데 조심하자. 첫인상을 망칠 수 있기 때문이다. 틀을 깨는 단순성과 간결성이 상대를 단번에 사로잡는 열쇠다. 우선 쉬워야 먹힌다.

우리는 이른바 '심플의 시대'에 살고 있다. 지금은 보고 듣고 즉시 처리하는 시대다. 애매한 단어들의 뉘앙스를 알려고 애쓸 시간이 없다. 거창한 포장은 물건의 흠을 감추기 위한 꼼수일 확률이 높다. 정말 귀한 물건은 포장이 심플하다. 같은 맥락이다. 좋은 표현들은 단순한 단어로 되어 있다. 천 개의 시어가 빚어낸 소설, 마루야마 겐지의 《달에 울다》를 보자.

'봄 병풍의 그림은 중천에 걸려 있는 흐릿한 달, 동편에 흔들리는 강변의 갈대, 그리고 걸식하는 법사다. … 교교한 보름달의 독기 서린 빛이 등골까지 스며들어 골수를 파먹고 있지만, 법사는 그 사실을 전혀 모르고 있다. 강풍이 쏟아내는 대지의 비통한 절규는 어딘지 비파 소리를 닮았다.'

말은 쉽고 짧고 단순해야 한다. 눈에 보이는 것처럼 선명해야 한다. 그런 말이 사람을 사로잡는다. 예컨대 나이키의 CF 문구 'just do it' 처럼 말이다.

틀에서 벗어난 참신한 말은 "거참, 신기하네", "꿈에도 생각하지 못했네", "상상도 못했는데 기가 막히네" 등등의 상대 반응을 이끌어 낸다.

'전체를 보려 한다면 한 점을 응시하라. 이거다 싶은 한 가지에 주목하고 그 움직임을 끈질기게 추적해보라. 그리고 잇달아 떠오르는 문제점을 지긋하게 생각해보라. 왜 그렇게 되었는지, 왜 그런 움직임을 보이는지, 보면서 생각하고 생각하면서 또 보라. 이 방식이야말로 타인의 지식에 의존하지 않은 당신 자신의 발견이며 작품의 근원이 되는 발상의 원천이다.'

펜 한 자루를 들고 북알프스를 바라보며 40여 년 동안 영혼을 흔드는 글을 써온 마루야마 겐지의 말이다.

강력한 메시지를 소리로 빗대보자. '퉁 따당'과 '퉁 땅 땅'의 차이점은? 이는 각각 테니스 고수와 하수가 받아내는 공의 타격 소리다. 상대가 공을 친다, 퉁. 네트를 넘어는 공이 스핀을 제대로 먹은 채 그라운드를 향해 맹렬히 돌진한다. 이런 공은 그라운드에 닿으면 어디로 튈지 알 수 없다. 그래서 고수들은 그라운드에서 튀어 오르기 무섭게 타격한다. 네트를 넘어온 공이 바운드되는 소리 '따'와 튀어 오르는 순간 라켓으로 타격하는 '당'이 거의 동시에 이루어진다. 상대가 '퉁' 쳐낸 공을 '따당'으로 받아치는 것이다. 전문 용어로 '라이징 볼을 친다'고 표현한다. 이 공은 상대가 준비할 타이밍을 빼앗기 때문에 '위닝샷'으로 이어진다. 이는 테니스 선수 중 가장 작은 신장에도 불구하고 세계랭킹 2위와 24위를 꺾으며 우승한 니시오카 요시히토의 타법이다. 한 박자 빠른 준비, 여유 있는 타격! 이것이 바로 테니스의 황제 노박 조코비치도 당황하게 하는 2초 타법이다.

이 맥락은 상대와 나누는 대화법에서도 마찬가지다. 상대가 인상을 쓰고 걸어온다(퉁). 나는 밝게 미소하며 여유를 가지고 자신 있게 말한다(따당).

"감사합니다. 귀한 시간 내주셨네요. 인상 참 좋으세요. 건강해 보이시구요."

중간에 무슨 짜증스런 말을 하며 변명할 시간을 주지 말고 복잡한 생각까지 잠재우는 이런 첫마디에 시큰둥한 상대는 오래 버티지 못한다. 아주 외곬이라면 한두 번 더 시큰둥하겠지만 이내 당신의 밝은 환대에 마음의 문을 연다. 그렇게 내가 원하는 대화 흐름으로 끌고 간다. 이것이 고수의 2초 대화법이다.

'퉁 땅 땅'은 하수의 타법이다. 상대가 '퉁' 친다. 공이 네트를 넘어와 바운드된다(땅). 순간적으로 주저하는 사이, 스핀 먹은 공은 예상 밖의 방향으로 튀어 나간다. 깜짝 놀라 테니스 라켓을 간신히 댄다(땅). 다행히 공이 네트를 넘어간다. 하지만 힘없이 넘어온 공이기에 상대는 냅다 후려친다. 그렇게 일격을 당한다.

이러한 양상은 하수의 대화법에서도 별반 다르지 않다. 복잡한 생각에 사로잡혀 상대의 눈을 놓치고 머뭇거리다가 상대에게 주도권을 빼앗기고 심지어 할 말마저 못하고 그저 당하는 것이다.

하버드대학교의 심리학자 낼리니 암베디와 로버트 로젠탈은 효율적인 교수법 실험 차원에서 하버드대학교 교수들의 교습 능력 평가를 시도했다. 이를 통해 사람을 평가할 때 그와 나눈 이야기의 내용이 중요하게 작용하는 것이 아니라, 처음 몇 초 사이에 받은 인상이 평가에 큰 영향을 미친다는 사실, 그리고 그 몇 초의 인상은 이후 어떤 상황에서도 잘 바뀌지 않는다는 결론을 도출했다.

말콤 글래드웰의 《블링크》에서도 언급된 바, 새로운 사람을 만나거나 뭔가를 재빨리 파악해야 하거나 새로운 상황에 마주칠 때마다 우리도 모르게 '얇게 조각내어 관찰하기'를 하게 된다. 단 1초나 2초라도 세세한 면에 조심스럽게 주의를 기울이면 엄청나게 많은 것을 얻을 수 있는 것이다. 우리가 겪게 되는 수많은 사례는 결국 순간적 판단으로 결정된 사안이다. 나는 이 순간적 판단의 힘은 무의식의 영역에서 시작되지만 무의식의 영역은 그 사람의 습관화된 경험으로 형성된 성품에서 비롯된다고 생각한다.

수없이 누적된 데이터와 첨단의 분석도 변화무쌍한 인간사의 모든 상황을 정확히 판단하고 예측할 수는 없다. 확률을 높일 수는 있겠지만 말이다. 우리에게는 확률보다 더 정확한 직관적 통찰력이 있다. 직감, 선입견, 첫인상, 끌림…. 그러고 보니 내가 평생을 함께할 아내를 만날 때도 '왠지 모를 끌림'으로 결정했다. 첫인상의 힘은 바로 이러한 끌림에 있다. 이런 점에서 첫 만남의 2초가 대단히 중요하다.

2초 안에 상대를 사로잡자. 밝은 표정으로 기대를 가지고 눈을 마주친 다음 감사의 말로 상대와 접하자. 이때 무엇을 말할 것인가를 고민하지 말고 상대가 하는 말에 주목하자. 촉을 세워 상대의 손발을 포함한 비언어적인 모든 것에 집중하자. '퉁 따당'으로 상대의 말을 리드미컬하게 반영하고 또 반영하자. 그렇게 진심을 담아 접근하자.

상대가 존중받는 느낌이
들게 하라

폐교를 임대해놓고 3년 넘게 임대료를 연체한 임대인이 소리쳤다.

"또 어떤 놈이 담당자야! 이번엔 아주 요절을 내버릴 테다! 세금 파먹는 고약한 놈들!"

그녀가 임대료를 연체하며 버티는 까닭은 예술을 몰라보고 돈만 내라 다그치는 무식한 공유 재산 담당자들의 태도 때문이었다. 사실이 그렇다. 담당자는 그녀가 '한국 천연염색의 대가'인지, 그녀의 작품이 얼마나 '예술적 가치'가 있는지는 관심이 없다. 담당자에게 그녀는 임대료를 연체한 악질 체납자에 불과할 뿐이다.

내가 갔을 때 폐교 입구에는 '여성생활사박물관'이라는 간판이 걸려 있었다. 운동장에는 황색, 자주색, 청포색 물을 들인 천들이 나부끼고 있었다.

"안녕하세요, 관장님이세요? 이게 청포색인가요? 색이 참 곱네요."

그녀의 첫인상은 딱 봐도 전형적인 예술가 스타일이었다. 희끗한 머리에 비해 유난히 고운 피부를 가진 그녀는 단아한 개량 한복을 입고 있었다. 직접 물들였을 연둣빛 이파리 무늬가 그녀의 이미지와 잘 어울렸다. 물통에 천을 말아 넣고 맨발로 즈려밟던 그녀는 무심한 듯 힐끗 나를 보더니 툭 한마디 뱉었다.

"누구슈?"

그녀와의 대면에 넌더리가 난 담당자는 진즉 상견을 피하고 자리를 떴다.

"청에서 왔습니다."

"아! 돈 받으러 왔구먼? 어디 한번 할 테면 해보라니까? 어디까지 가나 보자!"

이것이 천연염색 전문가이자 여성생활사박물관의 장인 채현 이민정 관장과의 첫 만남이었다. 그녀가 풀, 꽃, 열매 등 20여 종의 식물과 흙 등으로부터 색소를 뽑아 현재 300여 종의 천연염색을 개발한 인물이라는 사실을 안 것은 나중의 일이었다.

그녀가 임대료를 연체한 가장 큰 이유는 한마디로 괘씸하다는 것인데, 그녀는 보통의 상식으로 이해할 수 없다며 연거푸 분개했다. 아무리 임대인의 입장이지만 무슨 일을 하는지에 대한 이해도 없이 다짜고짜 임대료 독촉장을 들이민다는 것이었다.

나는 그날 박물관을 천천히 돌아보며 그녀가 어떻게 염색을 시작하게 되었는지, 다양한 염료를 어떻게 채집하는지 등을 살폈다.

"박물관 정말 멋지네요. 물들인 천들도 참 아름답습니다. 관장님처럼요. 시간이 날 때 또 놀러 올게요. 다음에는 막걸리를 준비해 오겠습니다."

그러고는 당분간 그곳에 방문하지 않았다.

방문 목적은 임대료 완납이었지만 나는 자연의 색감과 그녀의 열정이 좋았다. 두 번째, 세 번째 방문에서도 나는 임대료 언급을 한 마디도 하지 않았다. 단지 그녀가 색깔을 찾아가는 과정과 염색된 천이 나풀거리는 운동장을 한참을 바라보다 돌아오곤 했다. 그러다 보니 그녀가 되레 물어왔다.

"임대료, 그거 어떻게 하라는 거야, 정말?"

나는 그녀에게 현재의 연체 금액과 더불어 완납 시 사용 기간에 따라 대폭 축소되는 임대료 혜택에 대하여 도표를 만들어 일목요연하게 알려주었다. 그녀는 이후 연체된 9천여 만 원의 임대료를 2개월 만에 완납했다. 그녀는 덕분에 저렴한 임대료로 자신의 예술혼을 불태울 수 있게 되었다. 그녀는 현재 한국의 천연색을 세계에 알리는 작업을 꾸준히 진행하고 있다.

그녀는 내게 "당신과 거래하겠다"고 말했다. 이는 그녀의 염색에 대한 예술 열정을 존중하고 관심을 가진 대가였다. 여성생활사박물관의 사례는 이후 임대 문제 해결의 롤모델이 되었다. 존중하는 느낌을 받으면 외곬인 사람조차도, 예컨대 자기 일에 대한 자부심과 더불어 자존심이 매우 센 예술가들조차도 마음을 연다.

상대가 존중받는 느낌이 들게 말하자. 사람의 행동에는 누구나 나름의 동기가 있다. 유비가 군사의 직을 맡아줄 것을 요청하였을 때,

제갈량은 알고 있었을 것이다. 유비를 주군으로 섬기면 50대 초반에 수명이 다할 것이라는 사실을 말이다. 그러나 자신의 목숨만큼이나 상대를 믿어주는 유비의 정성에 제갈량은 감동했고 그의 제안을 받아들였다. '사람을 이만큼 믿어주는 인물을 만나는 것도 하늘의 뜻이다' 하고 생각하면서…. 제갈량 없는 유비는 상상할 수가 없다. 상대를 존중하는 마음에는 나라를 세우는 힘마저 있는 것이다.

프랭크 런츠의 저서 《먹히는 말》에 따르면, 샌프란시스코에 소재한 '일하기 좋은 연구소'는 해마다 가장 우수한 고용 환경을 제공하는 100대 기업을 선정하여 순위를 발표한다고 한다. 그 지표가 되는 것 중 하나가 바로 '존중심'이다. 존중심을 효과적으로 전달하는 언어적 열쇠는 세 가지 가치와 관련이 깊다. 첫째, 고객을 정성스럽게 모시고 만족시키는 가치, 둘째, 열심히 땀 흘려 일한 대가로 받는 보수의 가치, 셋째, 탁월하게 완수된 임무에 대한 치하의 말 한마디가 가진 가치가 그것이다.

존중은 상대의 보이지 않는 동기까지 완전하게 인정해주는 데서 시작된다. 다음은 상담 사례 발표에서 어떤 상담자와 나눈 내용이다.

"내담자는 나하고만 상담하기를 원했어요. 총 십이 회였고 삼 개월이 넘는 기간이 소요되었지요. 내담자를 존중해주기 위해 말로 표현하지 않았어요. 그 대신 종이에 메모를 적어 내담자가 해야 할 목록을 상세히 적어서 상담 시작 전 탁자 위에 올려놓았어요. 내담자의 생각을 최대한 존중해주는 표시였지요. 이보다 어떻게 더 배려할 수 있나요? 그런데 상담을 시작하자마자 이러는 거예요. '나에게 기도를 생

활화해라, 성경을 매일 읽어라, 자신과의 약속을 지켜라, 아버지를 인정해줘라. 이런 말 하지 마세요. 나는 내가 하고 싶은 대로 할 거예요. 하나님이 어떻게 벌을 주시든 내가 받는 거 아닌가요?'"

사례를 소개하는 상담자는 매우 안타까운 표정을 지었다.

"그분은 모태신앙 신자로서, 목회자인 아버지를 보더라도 그런 태도를 보여서는 안 되는 사람이었어요."

이만큼 배려했으면, 양심이 있거나 한때 신앙생활을 한 사람이라면 기본을 지켜야 하는 것 아니냐고 말했다. 상담자는 말했다.

"도와주고는 싶고 그렇다고 상처를 줄 수는 없고 해서 표현하지 않고 메모를 한 거거든요. 그 마음을 이해 못 하다니 정말 미칠 지경이에요."

내담자는 왜 하필 그 상담자하고만 상담하기를 원했을까? 그렇다. 상담자의 그 안타까운 마음이 필요했던 것이다. 그러나 내담자는 존중받는 느낌이 들었을까? 내담자는 '그저 안타까워해주며 내 옆에서 위로해주세요. 강요하지는 말고요'라는 말을 하고 있는 것이다.

여기서 상대가 존중받는 느낌이 들게 하려면 어떻게 해야 할까? 바로 내담자의 저항과 함께 굴러야 한다. 동기면담의 전략 중 '저항과 함께 구르기'가 있다. 내담자의 저항을 있는 그대로 인정해주고 그가 가진 감정을 함께하는 것이다. 사람은 누구나 동기가 있다. 좌절하여 자신의 능력이나 요구, 변화의 이유 등에 대해 무기력한 사람은 그 열망을 저항으로 표현한다. 저항이 심한 사람일수록 동기욕구는 더욱 강력하다. 그 욕구는 결국 존중받고 싶은 마음이다.

상대방이 존중받는 느낌이 들게 말하자. 대화에서 원하는 목적을 달성하고 싶다면 상대의 저항과 함께 굴러 상대방이 존중받는 느낌이 들게 하자.

사소한 관심은
절대로 사소하지 않다

'참만남 집단상담'에서 있었던 일이다. 첫 만남에서 서로의 마음을 노출한 뒤 두 번째 만남이 이어졌다. 연꽃, 겐지스강가, 봄날, 하늘정원 등의 닉네임들은 첫날 감정을 추스르지 못해 조금은 어색한 모습들이었다. 특히 마음에 걸렸던 이는 봄날이었다. 나는 어떻게 어색한 분위기를 풀어야 할지 고민했다. 홍삼액을 준비하여 봄날에게 다가갔다. 문득 전에 홍삼액을 마시려다가 봉지에 손을 벤 기억이 떠올랐다. 나는 얼른 작은 가위 하나를 챙겼다. 그러고는 가위로 봉지 끝부분을 잘라 봄날에게 건넸다. 봄날이 눈시울을 붉히며 말했다.

"디테일하시네요."

봄날은 눈빛이 선하고 진중한 사람일 것 같아서 꼭 함께 이야기를 나누고 싶은 인물이었다. 봄날과의 '참만남 집단상담' 경험은 감정을 정화하기 충분했다. 사소한 관심으로 시작된 만남은 마음 구석구석에 응어리진 감정의 찌꺼기들을 털어내는 데 큰 힘이 되었다.

인기 있는 사람이 되고 싶다면 사소한 관심에 주목하자. 앞서 긍정적인 첫마디로 2초 안에 상대에게 존중받는 느낌이 들도록 하는 방법을 말했다. 그럼에도 좀처럼 관계가 지속되지 않고 있다면 당신이 무심코 지나친 사소한 것들을 살피자.

일 잘하고 성실한 직원이 있다. 첫 만남부터 훅 파고드는 밝은 표정과 친절한 말투로 몇 초만에 '사람 참 물건이네' 하는 느낌을 준다. 그러나 시간이 지날수록 신뢰가 가지 않고 큰일을 맡기기에 망설여지는 사람이 되어버린다면 어떨까? 이런 유형의 사람들은 뒤끝이 흐린 특징이 있다. 동료 직원이 멋진 옷을 입었거나 헤어스타일을 바꾸었거나 밝았던 상사의 다운된 표정 등에 대해 무감각하다. 상대방의 변화된 모습을 간파하지 못하고 무작정 밝은 표정으로 상투적인 친절을 베푸는 사람은 힘겹게 얻어낸 첫인상을 망치기 십상이다.

친한 사람일수록 변화에 민감하게 반응해주자. 야근한 직원을 다음 날 마주쳤다면 커피라도 한 잔 타주며 "피곤하시죠? 한 잔 마시고 하세요." 하고 표현해보자. "머리했네요, 예쁘다", "옷 사셨구나, 멋진데요", "부장님 요즘 피곤해 보이세요. 건강 괜찮으세요?" 등등의 말로 동료들에게 관심을 갖자.

출근하여 눈을 마주치지도 않고 형식적으로 인사하며 자기 자리에 앉기 바쁜 사람은 동료들의 호감을 얻기 어렵다. 말끝을 흐리는 사람은 또 어떤가?

"오늘 회식 어디서 할까? 요즘 삼겹살이 맛있었다던데… 좀 비싸긴 하지만 횟집도 좋고….'

이런 식으로 말끝을 흐리는 사람들이 있다. 이런 유형의 사람들은 무슨 일이든 자신을 드러내기는 좋아하지만 책임지기를 싫어하는 경향이 있다. 회식 자리에서도 주최한 사람은 가만히 있는데, 참석해줘서 고맙다느니 그동안 고생들 많았다느니 말하는 사람, 마치 자신이 주최한 사람인 양 행동하며 음식도 마음대로 시키고는 어느 순간 슬그머니 사라지는 사람은 믿음이 가지 않는다.

평소 과묵하며 눈도 잘 마주치지 않던 사람이 술 한 잔 들어가면 수다쟁이가 되어 주변 사람들을 놀라게 하는 경우가 있다. 봇물처럼 말을 쏟아내며 자기 주장을 하는 모습은 마치 걸신 들린 사람 같다.

평상시 매우 경직된 모습을 보이다 술만 들어갔다 하면 끝도 없이 2차, 3차를 외치는 직장 상사가 있었다. 그는 1차에서는 업무 얘기, 2차에서는 무용담, 3차에서는 인생 철학과 자책의 순서로 말을 이어갔다. 그는 마치 당일 인생의 모든 것을 정리하는 사람처럼 보였다. 하지만 다음 날 아침에 마주하자면 그는 돌변했다. 언제 그랬느냐는 듯 불쑥 화를 내며 업무를 더 철저히 챙기려 하는 것이다. 사실, 이는 회식 자리에서 자신의 속내를 보였다는 민망함을 감출 수 없어 당황하는 모습에 지나지 않았다.

나는 기분 좋은 회식 후 다음 날 아침마다 부딪혀야 하는 어색한 만남이 늘 불편했다. 그래서 원칙을 하나 세웠다. 다들 거나하게 취기가 올라오면 슬그머니 자리에서 나와 숙취해소 음료를 챙긴다. 그러고는 좀처럼 끝나지 않는 술자리에서 누군가에게 건배 제의 기회를 추천해달라고 부탁한다. 부탁받은 동료는 어수선한 분위기를 정리하는 말로 "자자, 우리 여태 김 팀장의 건배 제의를 못 들었습니다. 주목해 주세요" 하고 이목을 집중시킨다. 그러면 비로소 내가 말한다.

"여러분, 지금 나누어드린 숙취해소 음료를 높이 드세요. 착지 동작은 체조에서만 높은 점수를 받는 게 아니랍니다. 인간사도 그렇고 기분 좋은 술자리는 더욱 그렇죠. 양학선의 착지 동착이 금메달을 땄습니다. 금메달을, 하면 '위하여'로 합니다."

사소한 관심은 결코 사소하지 않다. 이런 회식 자리 다음 날 아침에는 어색한 얼굴들이 한결 친밀감 있게 다가온다.

"어제 잘 들어가셨죠? 정말 깔끔했습니다."

깔끔한 마무리와 상쾌한 시작은 함께 맞물려 돌아간다.

학교에서 근무하다 보면 눈에 띄는 걸작들이 있다. 나는 이런 명품들이 동료, 학생 들에게 어떤 선한 영향력을 행사하는지 잘 알고 있다. 이들의 공통점은 사소한 것에도 신경 쓰는 '관심의 달인'이라는 사실이다. 담임일 경우 학기 초 상담은 기본이다. 눈을 마주치고 시간을 쪼개 상담을 실시한다. 한 달이 지났는데도 눈 한 번 마주치지 않는 학생이 있을 경우 행정실로 찾아온다.

"실장님이 상담을 공부하셨으니까 아시겠죠? 주현이가 한 번도 눈을 마주치지 않아요."

나중에 안 사실이지만 주현이는 부모님의 이혼으로 몇 번이나 죽음을 생각했단다. 내 코치에 따라 선생님은 자신의 수업 시간을 쪼개 모르는 척하며 은밀히 주목했다. 점심때에 밥을 혼자 먹는지, 모둠학

습에서 혼자 외톨이가 되는지, 쉬는 시간에 무엇을 하고 보내는지, 누구와 친한지 등을 말이다. 주현이와 떡볶이를 먹는 시간을 할애하고 꼼꼼히 기록한 상담일지를 기반으로 이야기를 나눈 적이 있다. 당연히 주현이는 죽지 않았다. 뭐 교사라면 당연한 일 아니냐고 일축할 수도 있다. 애들이 한두 명도 아니고 수업도 해야 하고 잡무도 많은데 하물며 내 자식도 아니지 않나? 그러나 바쁘다고 생각하는 일들 중 가장 집중해야 할 일은 무엇일까? 거듭 강조하지만, '기본'을 생각한다면 담임교사에게는 학생 상담이 최우선순위여야 한다.

사소한 관심은 결코 사소하지 않다. "선생님하고 떡볶이 한판 할래?" 하는 그 선생님은 학교에서도 자기 집에서도 그야말로 가장 바쁜 사람이다. 그럼에도 그 선생님은 사소한 것, 즉 기본을 놓치지 않았다.

실적이 눈에 띄지 않는다고 하여 슬쩍 넘어가서는 안 될 일들이 주변에 너무 많다. 상담교사도 저학년 학생들일수록 절실하다. 우리 사회에는 5천 명이 넘는 상담사들이 있다. 그러나 학생들은 그들과 대화할 시간도 없이 죽음을 선택한다. 왜 그런가? 사소한 관심을 기울이지 않기 때문이다. 자신이 직접 상담하여 해결해줄 수 없다면 사소한 관심이라도 기울여야 한다.

"오늘 점심 왜 안 먹었니?"

이 한마디로 아이가 밥을 먹고 학교생활에 기대를 갖게 되는 경우를 나는 수없이 보아왔다.

내가 지금 근무하고 있는 학교에서도 나는 걸작들을 발견했다. 아이들을 친구처럼 스스럼없이 대하고 믿어주며 소통하는 이 선생님,

착한 아이들을 좋은 아이들로 인도하는 데 노력을 아끼지 않는 강 선생님, 잠자는 녀석들 어떻게든 깨워 하나라도 더 가르쳐주려는 아비같은 마음으로 수업에 임하는 최 선생님, 나이가 들어도 변함없이 수업이 재미있다는 최 선생님, 무엇을 생각하든 공부를 어떻게 하든 아이들이 즐겁고 행복할 수 있어야 한다며 그토록 아이들을 예뻐하며어쩔 줄 몰라 하는 김병호 교장선생님 등이 바로 걸작들이다. "어 그래, 착하다", "그래, 수고했다", "그래, 고맙구나", "그래, 잘했다"를 입에 달고 사는 공감의 대가들 덕분에 학교 아이들은 해맑다. 해맑은 만큼 행복하다. 걸작들은 남들이 은근슬쩍 넘어가는 사소한 관심에 촉각을 세운다. 그 관심은 통찰로 이어진다. 그들은 이렇게 말하곤 한다.

"착한 아이들을 좋은 아이들로, 좋은 아이들을 나아가 옳은 아이들로 키우는 게 우리의 일 아닌가요? 착한 아이들을 좋고 옳은 아이로 키우려면 역시 답은 교사에게 있습니다."

역시 걸작의 말씀이다. 사소한 관심은 물론 아이의 인생도 바꿀 수있다.

다시 말하지만 사소한 관심은 절대 사소하지 않다. 표나지 않게 독려하고, 인정하고, 촉구하고, 다가가 바라보며, 말로 표현하자. 사소한 칭찬을 허투루 생략하지 말자. 칭찬을 구체적으로 말해주고, 사소한 변화에도 민감하게 표현해주자. 친한 사람과의 사소한 약속도 철저하게 지키자. '사소한 관심은 절대 사소하지 않다'는 말은 백번을 강조해도 지나치지 않다.

앞뒤가 맞는 말과
그에 걸맞은 말투를 갖춰라

송 팀장은 오랜만에 기분 좋게 귀가하고 있었다. 자신이 준비한 제안서가 통과되어 동료와 상관으로부터 칭찬을 받았기 때문이다. 부장은 다음 인사 때 승진을 기대할 만한 말을 넌지시 내비쳤다.

"송 팀장은 시장을 보는 눈이 남달라. 아주 보배야, 보배!"

그는 보무당당하게 퇴근하여 아내와 아들과 즐거운 시간을 보내고 싶었다. 그러나 집에 도착하자마자 현관문 틈새로 새나온 대화가 그의 마음에 찬물을 끼얹었다. 이런 대화가 들렸다.

"우리 아들 부반장 되었다며? 야! 그걸 이제 말하면 어떻게 해! 선생님한테 그 소식을 거꾸로 전해 들었잖아. 너 엄마가 선생님께 전해주라는 학부모회 신청서는 어디다 팔아먹었어. 젊은 애가 왜 그렇게 정신이 없니? 성적표는 왜 안 가져오고, 방은 또 이게 뭐야? 쓰레기장도 이것보다는 낫겠다!"

그는 고개를 절레절레 흔들었다.

"또 시작이군!"

그는 현관문에서 발길을 돌려 술집으로 도망가고 싶은 욕구가 치밀었다.

여기서 송 팀장 아내의 메시지 상황을 '이중속박'이라고 한다. 반응을 하지 않으면 안 되는 중요한 상황에서 서로 대립되거나 불일치하는 메시지들이 지속적으로 전달되는 관계의 상황! G. 베이슨은 동일한 사람에게 상호 반대되거나 모순되는 요구를 지속하면 결국 긴장과 갈등을 유발하게 되는데, 이는 조현증(정신분열증)의 원인이 된다고 했다. 이런 상황은 엄마와 아들의 관계에서 흔히 나타난다. 오랜만에 성적이 올라 잔뜩 부풀어 엄마가 돌아오기만을 기다리고 있는데 엄마는 집에 들어오자마자 대뜸 소리친다.

"야, 너 엄마 카드 가져가서 왜 안 가져와? 이번 달 학원 등록했지? 스마트폰 좀 그만해라! 너, 고 삼이다, 고 삼! 수도권대학 지금 성적으론 안 되는 거 알지? 아침밥 좀 먹고 다녀! 이젠 체력싸움이다!"

엄마가 방에서 나가자 아들은 성적표를 구겨 휴지통에 던져버린다.

동시에 전해지는 두 개의 상반되고 모순된 메시지를 받는 사람은 당황하여 어느 메시지도 잘 받아들이지 못한다. 어떠한 반응을 해도 적합한 반응이 될 수 없는 것이다. V. 사티어는 낮은 존중감으로 자신을 부정할 때, 타인과의 관계를 걱정하고 인간관계에 대한 의미를 갖지 못한 채 관계가 깨질까 봐 걱정할 때, 이중속박 메시지가 일어난다고 했다. 엄마의 이중메시지는 아이의 자존감을 한순간에 무너뜨려 강한 불신감과 의기소침을 유발할 수 있다.

어떤 목적이나 결과를 말하기 전에 상대의 상황이나 감정을 고려하여 하나의 메시지를 적절한 말투로 전해야 한다. 이를 '배경'이라고 한다. 보고서나 제안서를 쓸 때 가장 먼저 들어가는 말이 배경이다. 배경이 중요한 이유는 전하려는 메시지의 중요성을 알려주고 이 배경을 통하여 메시지의 타당성과 가치, 영향력을 확보할 수 있기 때문이다. 이때 중요한 것은 '듣는 사람의 입장에서 듣는 이의 눈으로' 보려는 노력을 기울여야 한다는 것이다. 그래야 앞뒤 맥락이 맞는 논리를 확보할 수 있다.

이중구속은 의사소통뿐만 아니라 우리의 삶에서 자주 볼 수 있다. 이를테면 진퇴양난의 상황이 그것이다. 어떠한 선택도 할 수 없는 불안한 상태에서 시간을 보내고 나면 감정의 골은 더 깊어지고 갈등 상황은 버젓이 남아 답답한 국면이 계속된다. 대화에서 앞뒤가 맞지 않는 모순된 메시지는 우리가 가장 경계해야 할 부분이다.

말의 힘에 관하여 일주암 주지승인 법인 스님이 모 신문사에 글 하나를 기고했다. 대체적인 내용은 다음과 같다.

우리가 행복한 삶을 산다고 하는 것은 아마도 말을 실감하고 사는 일일 것이다. 우리가 어떤 말을 실감한다고 하는 것은 곧 사유와 감성이 한 몸인 삶을 살고 있다는 뜻이다. 그러나 변화무쌍한 스마트폰의 액정에 눈과 귀가 몰두하는 시대에, 삶의 공간에 사유와 감성이 머물 수 있는 여지가 없으니 말이 실감과 생기를 얻을 수 없다.

일화 한 가지가 있다.

"스님, 삼매가 뭐예요?"

불교 동화책을 읽던 아이가 물었다.

"삼매란, 온전히 그것이 되는 것이야. 예를 들어 책이 재미있어 밥 먹을 생각도 않고 심지어 자신의 존재마저 잊고 내가 온전히 책이 될 때 독서삼매가 되는 것이지. 나와 대상이 접속하고 결속하는 일념과 나와 너라는 관념마저 사라진 무념의 경지가 바로 삼매라 할 수 있지."

"스님, 그럼 저는 큰스님처럼 삼매를 얻었어요. 저는 게임삼매를 얻은 거네요."

그립다, 보고 싶다, 아프다, 심심하다, 배고프다, 외롭다, 기쁘다, 슬프다, 울고 싶다, 부끄럽다, 믿는다, 존중한다, 미안하다, 고맙다, 사랑한다…. 행복하게 산다는 것은 이런 말을 실감하고서 사는 일이다.

말이 주는 메시지의 일관성, 즉 앞뒤가 맞는 말과 말투는 소비자의 선호를 자극하여 충성도를 높일 수도 있다. 휴가를 떠나서 한적한 가게에 들러 과자를 구입할 때 가장 먼저 생각나는 '새우깡'을 보자.

'손이 가요, 손이 가, 새우깡에 손이 가요, 아이 손, 어른 손, 자꾸만 손이 가, 언제든지 새우깡, 누구라도 즐겨요, 누구든지 즐겨요….'

하도 많이 들어 식상할 만도 하지만, 사람들이 언제나 '새우깡' 한 봉지를 사게 되는 이유는 무엇일까? 메시지의 일관성 때문이다. 반복된 메시지의 일관성이 구매자의 충성도를 높일 수 있는 것이다.

1장에서 언급했지만 인기 있는 사람, 즉 걸작의 말하는 방식은 남다르다. 말하는 방식에 따라 '걸작인가, 걸레인가'라는 생각이 당신의 일상생활에서 말하는 방식에 적용되기 시작했다고 치자. 어느 날 문득 너무 화가 난 나머지 입에 거품을 물며 남을 험담하고 있는데 당신의 머릿속에 '걸레'라는 말이 떠올라 말을 멈추었다. '습관적으로 남의 험담을 하는 사람은 자신이 그 대상일 수 있다'는 내용을 보았기 때문이다. 이런 상황은 책을 통해 당신이 알아낸 사실일 뿐 세상의 수많은 사람은 그게 무슨 말인지 처음 듣는 말일 수 있다. 지금 이 순간 당장 시험해봐도 좋다. 그 결과 당신이 걸레일지라도 빨면 걸작이 될 수 있다는 사실과 '걸작'이 되는 대화법의 가치를 깨달았다면 당신은 앞뒤가 맞는 말과 그에 맞는 말투를 연습 중일 것이다.

얼마 전에 근무하던 학교의 한 부장교사 이야기다. 그는 매우 성미가 급하여 별명이 '아님 말고'였다. 행정실에 어떤 요구를 할 때도 우선은 자신을 빼고 '공문에서 이렇게 하도록 되어서 하는 것'이라는 전제하에 '내가 어디까지 해주면 사업이 원활하게 진행되는지'를 역으로 묻곤 했다. "업무의 주관은 당신 자신이므로 주도적으로 계획하고 그 과정에서 이러이러한 협조를 요청하면 됩니다"라고 안내해주면 그는 전제조건을 몇 가지 걸어두며 말했다.

"내가 기안을 하고 나면 언제까지 처리하고 그 일이 끝나면 또 언제까지 대금이 지급되죠? 아참, 내가 바빠서 시간이 없는데 어떻게 내일까지 하죠? 내일 내가 기안을 넘기면 언제까지 해줄 수 있죠? 또 예산이 모자라면 어쩌죠? 경험이 없는 업체가 수주를 하면 또…."

학생들이 이런 식의 메시지를 수업 중에 전해 듣는다면 어떨까? 생각만 해도 끔찍하다.

모순된 메시지는 결국 잔소리와 말다툼이다. 세상의 모든 사랑을 불태워버리는 불꽃이 지옥에 있다고 한다. 그중 가장 맹렬한 불꽃의 이름은 바로 '잔소리'라고 한다. 톨스토이는 부인의 비난과 잔소리 때문에 82세 어느 겨울밤 집을 나갔다. 아내의 잔소리 대신 혹독한 추위와 어둠을 선택한 것이다. 부인의 잔소리는 결국 톨스토이를 정류장에서 폐렴으로 쓰러지게 만들었다. 그 상황에서도 톨스토이는 절대 아내를 부르지 말라고 신신당부했다. 톨스토이의 부인은 깊이 후회했지만 이미 때는 늦었다. 우리 시대에도 수많은 톨스토이의 아내가 있다. 앞서 언급한 송 팀장의 아내, 사랑이라는 명목하에 깊이 자신의 감정까지 장악해버린 극성의 엄마들, 겉돌고 있는 가족 간의 모순된 대화법은 비참한 미래를 예고한다.

앞뒤가 맞는 말과 그에 걸맞은 말투를 갖추자. 칭찬할 상황에서는 격하게 칭찬을 하고 그 상황이 그에게 특별한 경험이라면 파티라도 열자. 무엇보다도 '듣는 이의 입장에서 듣는 이의 눈으로' 먼저 바라보자. 상대를 알아내려 짐작하거나 넘겨짚지 말자. 질문을 통해 그의 상황과 동기를 파악했다면 하나의 메시지로 상대의 동기에 불을 붙이자. 서두의 송 팀장 아내는 "우리 집에 경사 났네, 경사 났어! 우리 아들이 부반장이 되었다니!" 하며 격하게 안아주면서 기뻐했어야 했다. 그렇게 할 때 아이는 엄마의 메시지로 인해 '걸작'을 꿈꾸게 되는 것이다.

상대의 이름과
그와 나눈 대화를 기억하라

"거, 있잖아. 빵은 아닌데 말랑말랑하고 초콜릿 같은 게 살짝 덮여 있는 거. 개성공단 북한 노동자들이 가장 좋아한다는 거 말이야. 중국 여행객들도 이걸 엄청 좋아한다잖아. 이거 하면 이 제과회사에서 만드는 게 으뜸이잖아. 방송이라 말은 할 수 없고 참, 다 알겠는데 표현할 방법이 없네."

이는 KBS 공개 코미디 프로그램 〈개그콘서트〉의 한 코너에서 나온 대화 내용이다. 우리는 살아가면서 알 만큼 알겠는데 전달할 방법을 몰라 답답한 경우가 있다. 상대방의 이름을 기억하고 대화 내용을 기억하면 그 사람과 통할 수 있다.

걸작인 사람과의 만남은 큰 행운이다. 그러나 현실적으로 세상에는 완성된 걸작보다는 걸작을 이해하고 걸작을 향해 자신을 만들어가는 사람 혹은 그러한 노력도 기울이지 않는 사람이 태반이다. '걸작이 되자'라는 슬로건을 걸어두고 책상 앞에 앉아서 명상을 하다 보면 '내 안에 사람들에게 잘 보이려는 욕망이 크구나' 하는 생각을 하게 된다. 과연 세상에 걸작은 몇이나 될까? 생각하다 보면 머리가 복잡해지고 좋았던 기분이 가라앉기도 한다. 일상에서 걸작을 만나기란 쉽지 않기 때문이다. 그럼에도 걸작을 찾아 떠나는 길은 기쁨을 준다.

답은 통하는 사람을 만나는 데 있다. 통하는 사람, 만나면 위로가 되고 용기가 생기며 가슴이 뻥 뚫리는 사람이 있다. 그는 아무리 봐도 지위를 얻은 사람이 아닐뿐더러 엄청난 부자도 아니다. 그저 자기성찰이라는 면에서 더할 수 없이 강한 사람들이다. 그런 사람을 만나는 일은 즐겁다. 물론 수많은 사람을 만나며 접하는 수만 가지의 정보 속에서 명품 같은 사람을 만나기란 노력 없이는 어렵다. 그 노력이란 우선 상대와의 대화 내용과 그 이름을 기억하는 것이다. 이름을 기억하고 내용을 이해해야 통할 수 있다.

철강왕 앤드루 카네기는 대화를 하는 동안 상대방의 이름과 표정, 외모를 함께 기억해두었다. 상대방이 중요한 인물일 경우에는 그 이름을 더 자주 부르고 아무도 없을 때 종이에 써서 집중적으로 들여다보며 이미지화했다. 그리고 이름에 대한 청각과 시각적 이미지를 기억한 후 상대가 보기 전에 찢어버렸다. 그의 성공 비법은 이름을 똑똑히 기억하는 것이었다. 상대방의 이름을 잘못 알아들으면 "죄송합니다. 잘못 들었습니다. 다시 말씀해주세요"라고 분명히 말했다.

기억한다는 것은 상대방에 대한 관심과 존중의 표현이다. 대화를 통해 각인된 사람은 중요한 인사에도 적용된다. 현 정부 들어서 유난히 '코드인사'라는 말이 많이 나온다. 기억된 인사라는 의미인데 코드인사가 환영받지 못하는 이유는 코드가 맞는 사람들이 본질에 충실하지 못하고 업무의 객관적이고 공정한 수행에 한계가 있다는 지적 때문이다. 결국 코드인사를 주도한 인사권자가 많은 사람에게 인기를 끄는 유능한 사람이라면 코드인사보다 더 바람직한 인사는 없을 것이다. 능력자를 적소에 배치하는 정치보다 강한 정치는 없기 때문이다. 그러나 다른 유능한 사람을 배제하고 자신의 코드에 맞는 인사를 단행하여 요직에 배치한다면 효과적인 성과를 기대할 수 없을 것이다.

성남의 샛별중학교 신설 학교 요원으로 근무할 때의 일이다. 샛별중학교는 인근에 명문 학교가 있음에도 과밀 학급을 고려하여 도심지의 산 밑에 생긴 학교였다. 인근 중학교에 배정받기로 한 학부모들은 피켓을 들고 교육청에 찾아가 항의하는 지경에 이르렀다. 이미 안정된 학교에 진학하기를 희망하던 학부모들은 자녀들이 건물도 완성되지 않은 데다 검증도 되지 않은 신설 학교에 자녀를 보내기를 꺼렸던 것이다. 학교가 서고 여지없이 신설 학교로 배정받은 학부모들의 불평이 이만저만이 아니었다.

그러나 불만이 많던 학부모들을 학교 도우미로 만든 이가 나타났다. 바로 교장선생님이었다. 개교 첫해 피켓을 들었던 학부모들은 '교통어머니', '사서 도우미', '스쿨폴리스맘', '시험감독', '운영위원회', '학부모회', '상담자원봉사자', '과학 활동 지원 도우미' 등으로 활발히 활동했다. 자발적인 동기와 의지가 없으면 쉽지 않은 일이었다. 학교의 설립 자체를 반대하던 학부모들은 스스로 학교 로고를 디자인하여 제시하고 교복 또한 아이들 취향에 맞는 편하고 고급스러운 이미지를 제안하면서 인근 학교의 부러움을 샀다.

어떻게 이런 일이 가능했을까? 비결은 내용과 이름을 불러주는 한영희 교장선생님의 '호명 리더십' 덕분이었다. 어느 날 교통지도를 하고 꽁꽁 언 손에 교통안전 깃발을 든 학부모가 현관으로 들어오고 있었다. 교장선생님은 그들을 맞았다.

"어서 오세요, 진형 어머니. 이리 오셔서 차 한잔하세요. 엊그제는 교육청에서 학부모운영위원 회의도 다녀오시고…. 진형이 체육 대회 때 골 멋졌어요."

진형이 어머니뿐만 아니라 옆에서 지켜보던 나도 깜짝 놀랐다. 그런 일이 일관성 있게 이루어졌다. 샛별중학교는 채 한 학기도 지나기 전에 교육의 중심지에서 가장 주목받는 학교가 되었다.

"어떻게 그 많은 학부모님 이름이랑 학생까지 다 기억하세요?"

나의 질문에 교장선생님은 빙그레 웃으면서 말했다.

"우리 일정표에 모두 나와 있잖아요. 나는 수업도 없으니 자꾸 들여다보며 관심 갖는 거죠. 어쨌든 교장으로서 학부모는 모두 고객들이니까 한 사람도 놓치지 말아야죠."

지금도 기억나는 이름들이 있다. 민우 어머니, 진우 어머니, 기정 어머니, 현우 어머니, 진형 아버지…. 이분들의 이름만 들어도 아이들의 특성이 그려진다. 이름 부르기는 학부모들의 호감을 샀다. 학부모의 거센 반대로 흔들렸던 학교가 '이름을 불러주는 교장선생님'의 노력으로 3년 만에 분당에서 최고 수준의 진학률과 명성을 얻을 수 있었다. '교과부지정 100대 교육과정자율화 최우수학교 지정', '사교육 없는 학교 우수학교 지정', '경기도교육청 지정 창조교실우수기관 지정', '성남교육청 교육과정편성운영 우수학교 표창' 등등이 1년의 동안 샛별중학교가 낸 성과다.

이름을 불러주는 일은 마음을 불러내는 일, 그 이상이다. 각자의 노력을 독려하고, 장점을 치켜세우고 행동을 촉구하는 역할을 한다. 아이들의 이름을 불러주며 교장선생님은 언제나 이런 식으로 말했다.

"기정이는 세계로 뻗어갈 아이지, 진형이는 무얼 해도 크게 한몫할 녀석이고, 현우는 머리회전이 빠르고 창의적이지."

그러고 보니 그 교장선생님이 치드는 엄지 안에는 늘 격려와 칭찬,

그리고 강력한 동기부여가 들어 있었다. 나에게도 항상 엄지를 올리며 '대한민국 최고의 실장'이라 불러주었다. 대한민국에서 최초로 아이들 '또래상담반'을 운영하는 실장, 대한민국 최초로 기독교상담학 박사 과정을 밟고 있는 실장은 그 교장선생님의 '이름 부르기 리더십'의 동기부여에서 비롯되었다. 그때 교장선생님에게 이름과 학교생활을 호명받았던 아이들은 어떻게 되었을까? 그렇게 호명받은 아이들은 지금 미국 아이비리그와 영국의 옥스퍼드대학교 등에 우수한 성적으로 진학하여 두각을 나타내고 있다. 몇은 '북한 어린이가 굶주리는데 나만 행복할 수 없다'며 북한 어린이 돕기 홍보대사로 활동을 넓혀가고 있다.

"타인의 이름을 정확히 기억하고 자주 불러주자. 이것은 상대방에게 어떤 칭찬보다도 큰 효과를 줄 수 있다."

데일 카네기의 말이다. 상대와 나눈 대화 내용을 기억하고 이름을 불러주자. 머리가 좋지 않아도, 말을 잘하지 않아도 사람을 성공하게 하는 비결이다.

첫인상은
돈으로 살 수 없다

첫인상은 2초 안에 결정되지만 첫인상을 바꾸는 데는 40시간이 소요된다고 한다.

늦깎이 대기만성의 배우 김광규가 어떤 예능 프로그램에서 한 말이 생각난다. 게스트로 '훈남' 배우가 나왔는데 김광규의 표정이 어두워졌다. 이유는 그가 무명 시절 스튜디오에서 알은체를 했는데 그 '훈남'이 모르는 체했다는 것이다. 김광규는 나이도 어린 녀석이 인기 없는 자신을 무시한다는 인상을 받아 그것이 앙금으로 남아 있었다. 상대는 인사하는 것을 보지 못했다고 해명했다. 결국 김광규는 그의 볼을 잡으며 "느그 아버지 머하시노?" 하며 영화 친구의 한 장면으로 상황을 마무리했다.

그때 나는 조마조마했다. 쉽지 않은 말을 했고 순간 게스트들의 분위기도 냉랭해졌기 때문이다. 배우 김광규의 농익은 연기는 군 하사관 경력, 택시 운전 경력 등 다양한 삶의 경험에서 우러나온 것이다. 유일하게 지속적으로 들어온 광고는 가발광고였다며 환하게 웃는 모습이 내게는 감동으로 다가왔다. 그런 배우의 가슴에 끝내 남아 있던 서운함은, 오랜 인고의 시간이 지나서야 겨우 말할 수 있는 무거운 첫인상이었을 것이다.

언론에 의하면 '견과류 반환' 사건에 따른 항공사의 매출은 국토교통부의 운행 정지 처분에서만 올해 250억 원의 매출 감소가 예측된다고 한다. 기업의 이미지는 곧 매출로 이어진다. 이미지 실추로 손상된 기업의 인상은 돈으로 환산하면 수백 억, 수천 억에 이른다. 기업들이 막대한 비용을 들여 광고를 찍는 이유다.

광고의 첫인상은 짧은 시간에 깊은 인상을 준다. 그러므로 기업의 이미지는 돈이다. 기업들은 이미지에 맞는 인기인을 내세워 광고를 하는 데 수십 억의 광고비를 지불한다. 이렇게 공들여 쌓아놓은 기업 이미지는 고유 브랜드로서 성장 발판이 된다. 그러나 돈으로 첫인상을 무한정 살 수는 없다. 그 인상에 맞게 기업의 성실한 경영과 철학이 어우러져야 한다. 재벌과 재벌 2세들의 갑질, 막말이 기업의 인상에 주는 손실은 기업 자신의 문제를 넘어 사회 전체에 영향을 미친다.

좋은 인상은 돈과 명예, 신뢰를 안겨주고 감동을 준다. 기업이 막대한 비용을 들여 광고를 하는 이유는 그들의 이미지가 주는 가치 때문이다. 따뜻하고 믿음직한 이미지의 국민 배우 안성기, 친근한 어머니의 모습으로 오랫동안 감미료 광고를 이어온 국민 어머니 김혜자, 성실하고 밝고 바른 국민 MC 유재석, 부드러운 카리스마의 박성웅, 귀엽고 깜찍하게 미소하는 손연재, 산소 같은 여자로 오래 사랑받아온 이영애, 째려보다가 환하게 웃으면 졸였던 가슴이 활짝 열리는 느낌을 주는 송강호, 그리고 백의의 천사 역할을 할 때 가장 마음이 놓였다는 고아성, 세련되고 우아한 도시녀 전지현, 바보와 전사를 넘나드는 류승룡 등등 몸값이 어마어마한 이들에게 기업이 공을 들일 가치는 충분하다 싶다.

돈으로 미인을 만들 수 있는 세상이다. 얼굴을 맘대로 고칠 수도 있고 몸도 만들 수 있다. 심지어 살가죽과 피, 심장도 살 수 있는 시대다. 장기를 살 수도 뼈를 살 수도 있다. 눈에 보이는 것, 모두 살 수 있다. 그러나 첫인상은 살 수 없다. 한 번 실추된 첫인상은 결코 돈으로 살 수 없다. 심리학자 앨버트 메라비언은, 첫인상은 시각 55퍼센트, 청각 38퍼센트, 언어 7퍼센트에 의해 3초 안에 결정된다고 했다. 상대의 뛰어난 특성 하나가 그의 인상에 영향을 미친다는 것이다.

세인트루이스대학교에서 100명의 학생을 대상으로 얼굴 사진을 촬영하고 이들의 실제 학업 성적을 산출했다. 그리고 섭외 학생들을 통해 이들의 매력, 성실성, 학업 성적, 지성을 평가하게 하는 연구를 진행했다. 그 결과 매력성이 높은 학생이 성실성, 학업 성적, 지성도가 높게 나타났다. 요컨대 매력은 몸매나 생김새 등 외적 요인이 아닌, 각자의 독특한 개성과 솔직한 마음 등 내적 요인이 크게 작용한 것이다. 첫인상의 매력은 외적 인상보다는 개성적인 미 등 내적 인상이 더 크게 작용한다는 것이 증명된 셈이다.

거듭 말하지만 첫인상은 돈으로 살 수 없다. 그러므로 공들여 쌓은 이미지를 지속적으로 관리해야 가치를 유지할 수 있다. 공들여 쌓은 이미지를 단번에 날려버리는 순간은 마지막 인상에 있다. 첫인상은 당신의 부와 명예를 넘어 매우 소중한 가치를 심어주지만 마지막 인상은 당신을 순식간에 빈털터리로 만들어버리기도 한다. 돈으로 살 수 없는 첫인상을 지속적으로 유지하는 것이 중요한 이유다.

첫인상으로 구축한 이미지를 유지하는 비결은 깔끔한 마무리다. 중간 과정에서 한두 번의 실수는 강한 첫인상과 깔끔한 마무리 속에 묻혀버린다. 그러니 첫인상에서 시작한 공든 탑을 견실한 산으로 만드는 일이 중요하다.

여기 돈으로 살 수 없는 첫인상을 지키는 대화법을 소개한다.

우선 잘 심어둔 첫인상을 반복하라. 긍정적이고 적극적인 첫인상을 주었다면 그 이미지를 지속적으로 거듭하라.

"그래서 감사하다는 겁니다", "그러니 제가 최선을 다하는 겁니다", "인상이 참 좋으세요", "할 수 있습니다", "기대됩니다"의 화법으로 좋은 이미지를 반복하고, 마무리에서는 항상 상대의 행동을 유발할 수 있어야 한다. 늘 두 가지 양가감정 앞에 선택을 고민하는 상대에게 당신의 이미지를 듬뿍 심어주어야 한다. 결정적으로 상대가 행동을 실천했을 때는, 깊은 감사와 행운을 비는 마음을 전하자. 이것이 당신의 빛나는 가치를 만들어준 첫인상을 마지막까지 지켜내는 방법이다.

말 한마디로 이미지가 실추된 연예인들이 광고에 등장하는 것을 본 적 있는가? 오히려 이미지 손상에 대한 배상 소송에 휘말리기 일쑤다. 단 한 번의 실수로 생을 송두리째 날려버린 사람들을 생각해보자. 잘 기억이 나지 않을 만큼 그들의 존재감은 사라졌다.

미간은 복이 들어오는 통로라고 했다. 사람을 만날 때 미간이 접혀 있는 사람은 복이 들어올 길이 막혀 들어오던 복도 되돌아간다. 미간을 열고 눈은 크게 뜨고 입 꼬리를 올려 상대에게 따뜻한 미소를 보내는 것만으로도 인상을 만들 수 있다. '웃음 치료사'들은 그 방법으로 우선 입꼬리를 양옆으로 올리고 윗니 두 개 정도가 보이게 하라고 권한다. 눈은 상대를 부드럽게 응시하며 미간을 펴면 복받을 얼굴이 준비된다고 한다.

절대로 돈 주고 살 수 없는 첫인상! 실추된 이미지를 씻어내고 화려하게 재기에 성공한 인기인들을 주목해보자. 그들의 고난 극복기는 '명품 인생'을 만드는 데 첫인상이 얼마나 중요한지를 느끼게 한다. 2초 만에 결정된 첫인상을 바꾸는 데 40시간이 소요된다면, 10년 동안 축적된 좋은 이미지가 실추되면 회복하는 데 얼마의 비용과 시간이 소요될까? 물리적인 계산이긴 하나, 살아생전에는 회복하기 어렵다는 결론이 나온다. 셰익스피어는 말했다.

"시간은 소리 없이 지나간다. 우리가 많은 일을 할 수 있도록 잠시 멈추어주지 않는다."

요즘 사람들의 평균수명은 80세. 잠, 밥, 의미 없는 시간을 제외하면 35년, 분 단위로 시간을 이용하는 사람은 시 단위로 이용하는 사람보다 시간이 59배나 많아진다. 또 초 단위로 시간을 계산하는 사람은 분 단위로 계산하는 사람보다 59배 많아진다. 늘 시간에 기는 사람은 오히려 시간을 더 많이 늘릴 수 있다.

생명은 유한하다. 유한한 인생 속에서 주어진 시간을 최대한 활용할 수 있어야 한다. 이미지 회복에 그 시간을 몽땅 써야 한다면 과연 다른 일을 할 시간은 어디서 구해야 한단 말인가. 루쉰은 말했다.

"시간을 아끼면 유한한 인생을 더욱 풍요롭게 만들 수 있고 우리의 생명을 연장시킬 수도 있다."

돈으로 어찌할 수 없는 첫인상을 위해 1분 1초도 헛되이 하지 말자.

표정을 바꾸면
인생이 달라진다

2005년 11월은 내 인생에서 대단히 중요한 때였다. 그때 나는 상담이라는 세계에 입문했다. 논술과 면접을 거쳐 대학원별로 30명씩의 전문 상담교사를 양성할 당시 수원대학교 최규련 교수님이 면접관이었다.

"이 과정에 지원한 동기를 말씀해주세요."

"고시에 실패한 삼촌의 모습으로 아이들을 돕고 싶습니다."

"무슨 의미죠?"

"엄마와 아버지는 무섭고, 머리 좋고 잘나가는 형제들은 말을 붙이기 어렵고, 고시에 합격한 큰삼촌은 늘 시간이 없지만, 실패한 삼촌은 매일매일 친구처럼 놀아주거든요. 그런 상담사가 되고 싶습니다."

"비유가 재미있네요. 표정이 밝고 긍정적이시고요."

물론 결과는 합격이었다. 교육청의 근무 시간은 6시까지였고 수업 시작 시간은 6시부터 10시까지였다. 교육청에서 수원대학교까지는 승용차로 1시간 30분가량 소요되었다. 결국 직장에서 최소한 4시 정도에는 출발해야 했다. 일주일에 5일 하루도 빠짐없이 계속되는 과정이었다. 거리도 문제였지만 교육청에서 허락을 해줄지 여부가 더 문제였다. 합격 통지를 받고 방법을 고민했다. 문제는 한두 가지가 아니었다. 두 아이를 처갓집에 데려다주는 문제부터 맞벌이 워킹맘인 아내의 동의를 구하는 문제, 과연 직장에서는 어떻게 복무를 처리할 것인가 하는 문제가 한꺼번에 몰려왔다.

결국 새벽녘에 나는 결론을 내렸다. "표정이 밝고 긍정적이네요"라는 최규련 교수님의 말씀 덕분이었다. 나는 나 자신에게 말했다.

"나는 긍정적이고 인상이 좋은 사람이다. 표정이 좋은 사람은 사람들의 호감을 사고 꿈의 선택을 받는다. 할 수 있는 데까지 해보자."

다음 날 담당 상사에게 가 상의했다. 과장님은 교육장님의 허락을 어떻게 받겠는지 되물었다. 결국 직접 교육장님께 가서 복무 계획을 상의했다.

"꿈이 생겼습니다. 하고 싶은 것을 하고 싶습니다. 부족한 업무는 밤 열 시부터 새벽까지라도 처리하겠습니다. 주중에 처리하지 못한 업무는 토요일, 일요일을 이용하여 처리하겠습니다."

이 말을 하는 내내 나는 속으로 되뇌었다.

'나는 표정이 밝고 긍정적인 사람이다. 상담 전문가가 그렇게 말씀하셨다. 나는 멋진 학교 상담가가 될 것이다!'

그때 교육장님이 말했다.

"김 팀장님은 부지런하군요. 인상도 참 좋고요. 열심히 해보세요."

그분이 바로 은퇴 후 10년이 넘도록 현역처럼 봉사하며 사람을 섬기는 장로, 백승언 맨토이다. 그분 덕분에 나는 상담 세계에 입문했다고 해도 과언이 아니다.

《하루 3분 표정 트레이닝》의 저자 시게타 미유키는 이렇게 말했다.

"성공의 비결은 표정과 인상에 있으며 표정 습관이 인생을 좌우한다."

그는 일본 최초의 인상 트레이너로서 정치가와 CEO들을 트레이닝하고 있다. 그는 JAL 항공사 승무원 시절 '굿퍼포먼스 상'을 수상했고, 도쿄 내 한 호텔의 호텔리어로 일하며 VIP 라운지의 매출을 1년 내 100배로 증대시킨 인물이다.

2014년 공정거래위원회의 분석에 따르면 연간 성형 시장 규모는 약 5조 원이라고 한다. 이는 세계 시장의 1/4을 차지하는 규모다. 10명 중 9명이 외모로 평가하는 경향이 있다고 응답했다는 조사 결과도 있다. 면접을 위해서 성형은 필수가 되어버린 지 오래다. 하물며 기업은 밝고 긍정적인 사람, 야무진 사람, 심지어 관상을 통해 그 사람의 비전과 가능성을 평가하기도 한다. 하지만 외모로만 선발된 사원이 꼭 회사의 성과와 직결되지는 않는다는 사실도 잘 알고 있다. 결코 겉만 화려한 성형미인을 선호하지는 않는다는 말이다.

성공으로 가는 관문은 표정이다. 표정을 바꾸면 인생이 바뀐다. '표정이 밝고 긍정적인 사람이다'라는 평판은 나에게 자신감을 불러

일으켰다. 그때부터 나는 긍정적으로 세상을 바라보게 되었다. 《하루 3분 표정 트레이닝》을 읽고 복이 들어오는 관문인 미간을 펴는 훈련을 했다. 그리고 아래로 내려다보던 시선은 고개를 들어 턱을 붙이고 똑바로 보는 연습을 했다. 긴장할 때마다 혀를 날름거리며 입술에 침을 바르던 습관도 고쳐나갔다. 입을 다물 때도 비죽하던 것을 편안하게 머금는 연습을 했다. 이 과정을 통해 나는 자신감을 얻었다.

밝은 표정과 긍정적인 말투는 어떤 결과를 낳게 될까? 양성 과정에서 취득한 2급전문상담교사 자격으로 나는 상담 세계로 가는 교두보를 마련했다. 우선 그 과정 덕분에 백석대교육대학원 상담심리학과에 입학할 수 있었다. 합격자 발표를 기다리는데, 대학원에서 연락이 왔다.

"교육대학원은 현직교사가 아닌 사람은 입학할 수 없는데 교육행정 공무원이 어떻게 응모하게 되었나요?"

나는 되물었다.

"현직교사가 아니라도 전문상담교사 자격이 있는 사람은 교육대학원 상담심리학과에 입학할 수 있다고 자격 요건에 명시되어 있지 않나요? 제가 잘못 보았나요?"

당황한 담당자는 "그런 게 아니라 이런 경우는 처음 있는 일이라서요. 한번 규정을 검토해보겠습니다" 하는 말을 남기고는 얼른 전화를 끊었다.

그렇게 나는 백석대교육대학원 상담심리학과에 현직교사가 아닌 최초의 학생이 되었다. 대학원에서는 과대표, 즉 반장을 맡았다. 대학원에서 나는 단연 이방인이었다. 그러나 긍정적인 표정으로 '재미'를 느낀 나를 당해낼 사람은 없었다. 석사 과정은 내게 날개를 달아주었다. 그 경력으로 신설 학교에서 점심시간을 이용하여 '또래상담반'을 운영했다. 이 또한 대한민국 최초의 사례가 될 것이다.

상담을 통한 성장은 여기서 멈추지 않았다. 모두 기피하는 신설 학교나 낯선 환경 따위는 내게 더 이상 문제가 되지 않았다. 상담을 공부하면서 나는 '나'라는 사람을 돌아보는 시간을 가지게 되었다. 어느 곳에서나 문제를 지배하는 '핵심'이 있다는 것도 알게 되었다. 아이들이 행복한 학교가 갑이라는 신념 역시 어느 곳에서나 좋은 호응을 얻었다. 학교에서 갈등 상황에 직면했을 때 상담의 힘은 더 큰 힘을 발휘했다. 학교마다 배치된 조리 종사원과 조리장, 영양사와의 의견 조율, 학부모와 관리자와의 중재, 상담을 통한 소통의 능력은 골이 깊을수록 힘을 발휘했다. 급기야 나는 백석대학교 교육대학원을 졸업하면서 쓴 논문으로 백석대학교 총장상을 수상했다.

존 메이저는 영국 수상이 된 직후 기자들로부터 고난의 세월을 어떻게 극복했느냐는 질문을 받고 이렇게 대답했다.

"그 어떤 상황에서도 비관적인 생각을 갖지 않았습니다. 항상 희망을 갖고 일하면 부정적인 생각이 사라집니다. 하늘은 표정이 밝고 긍정적인 사고를 가진 사람에게 복을 내려줍니다."

긍정적인 사람은 표정이 밝다. 표정이 밝은 사람은 꿈의 선택을 받는다. 꿈의 선택을 받는 사람은 타인들에게 꿈을 전파한다. 긍정, 밝은 표정, 꿈의 선택의 선순환은 위대한 걸작을 만나는 통로다. 주변에 인기 있는 사람들의 표정을 보자. 하나같이 밝고 긍정적이다. 무뚝뚝

한 채 어둠속을 헤매는 사람들에게 이런 말을 해주고 싶다.

"조금만 노력하면, 조금만 연습하면, 조금만 바꾸어 생각하면, 표정은 기회가 들어오는 출입구를 열어줍니다."

앞서 언급한 인기 있는 사람들의 '10가지 덕목'이 들어오는 입구가 첫인상이다. 첫인상은 표정으로 시작된다. 표정을 바꾸면, 인생의 방향이 달라진다. 당신은 태어나면서부터 '걸작'이었다. 그러나 당신이라는 작품은 표정에서 입구가 막혀 질식할 지경이 되어버렸다. 입구가 막혀 있는 동굴에서는 천년 동안 태어남과 죽음을 반복하여도 당신이 작품이라는 사실을 깨닫지 못한다. 그러나 표정을 바꾸어 당신의 한계를 놓아준다면 당신이라는 작품은 마침내 그 진면목을 깨닫게 될 것이고 그 모습을 드러낼 것이다.

세상에 원래부터 죄인이 없을 뿐만 아니라 걸레 같은 인생 또한 없다. 그건 신이 정한 이치다. 소설가 윌리엄 폴 영의 작품 《오두막》에는 주인공이 예수에게 딸을 살해한 유괴범을 방치한 책임을 묻는 장면이 나온다. 그때 예수가 말한다.

"우리는 사람들을 통하여 어떻게 사랑을 실천하고 균형을 유지할 것인가를 고민할 뿐, 원죄로 시작한 사람들에게 간섭하지 않는다."

그러나 실망하지 마라. 당신은 걸작이다. 한 가지 증거를 들겠다.

"당신은 태어나면서부터, 여기 이 순간에 나와 걸작에 관하여 이야기를 나누기로 계획되어 있었다. 지금부터 당신 안에 있는 보물을 찾는 방법을 깨달아가면서 당신은 명실상부 최고의 인기를 구가하는 '걸작'이 된다."

이 말에 당신이 인정하지 않을 이유를 들어보라. 아마도 수십만 가지의 이유를 댈 수 있을 것이다. 지금 당장 책을 불쏘시개로 써버릴 수도 있다고 엄포를 놓을지도 모른다. 그러나 어쩌면 좋은가? 당신은 여기서 이 글을 읽었다. '당신의 표정 안에 걸작이 숨어 있다는 사실' 말이다. 지금부터 나는 당신과 어떻게 당신의 가치를 찾아가는지 이야기를 시작할 것이다. '말주변 없어도 걸작이 되는 대화법'은 그래서 계속될 것이다.

Ch.3

상대를 내 편으로 만드는 경청의 기술

경청 능력이
화술이다

"말을 잘하고 싶어요. 쉬지 않고 오 분 이상 말할 수 있을까요? 말을 하다 보면 툭 끊겨요. 그러고는 멀뚱멀뚱해서 분위기를 냉랭하게 만들어요. 할 말이 없는데 쓸데없는 얘기를 할 수도 없고⋯."

상담실에서 내담자들이 자주 하는 말이다. 말을 잘하지 못해서 고민하는 사람들이 많다. 그들은 '말 많이 하는 것=말 잘하는 것'으로 생각한다. 그러나 말 잘하는 능력은 말을 많이 하는 것과는 다르다. 오히려 말을 많이 하는 것은 말을 못하는 축에 속한다. 말을 잘하고 싶은데 할 말이 없다면 상대의 말을 잘 들어보자. 하고 싶은 말은 상대의 말 속에 모두 들어 있다.

나는 초등학교 시절 말을 잘하지 못했다. 우선 말수가 극히 적었고,

가끔 말을 하더라도 타이밍을 놓쳐 엉뚱한 말을 하는 바람에 신나게 말하던 상대를 김빠지게 하곤 했다. 어느 날, 문예반에서 '말 잘하는 법'에 관련된 책을 읽다가 말하기 능력은 입으로 하는 것이 아니라는 사실을 알게 되었다. 경청 능력이 말하기 능력, 즉 화술(話術)이라는 사실은 나처럼 말주변 없는 인물에게는 엄청난 희소식이었다. '벙어리'라는 별명을 들을 정도였던 나는 그때부터 적극적으로 듣기 시작했다. 말을 하기보다는 차라리 상대의 말에 귀 기울이는 것이 마음도 편했다. 그 습관은 중학교, 고등학교로 이어졌다. 들으면서 깨달은 점은, 사람들은 말하기를 매우 좋아한다는 것이었다. 친구들 중에서도 말 많은 사람보다는 할 말만 하는 친구, 말을 잘 듣는 친구가 인기 있다는 것도 알게 되었다.

경청 능력이 곧 화술이라는 사실을 실감한 것은 2006년 무렵이었다. 초보 상담사나 경력자, 심지어 상담 분야에서 수십 년 활동한 전문가들이 공통적으로 어려워하는 부분이 경청이었다. 하물며 상담의 대가로 불리는 사람들은 하나같이 경청의 대가들이었다.

'참만남 집단상담'에 참여했을 때의 일이다. 집단상담의 대가인 김명권 교수님은 경청으로 참만남을 이끌었다. 자신의 상처에 대한 통찰로 눈물을 흘리는 집단원의 말을 김명권 교수님은 지긋한 눈빛으로 끝까지 들어주었다. 집단원이 충분히 감정을 노출했다 싶으면 천천히 휴지를 내밀며 어깨를 토닥여주는 것으로 말을 대신했다. '실존통합'으로 집단을 운영하는 한재희 교수님은 여러 집단원의 역동을 특유의 따뜻한 미소로 어루만지며 듣는다. 감정이 복받친 집단원의 이야기를 자기 스스로 그만둘 때까지 들어준다. 이것이 경청 능력으로, 집단의 역동을 성공적으로 이끌어내는 대가들의 모습이다. 경청이 체화되면 할 말을 정확하게 할 수 있다. 말하는 사람이 원하는 것이 무엇인지 정확히 알 수 있기 때문에 말할 기회가 생기면 즉시 명쾌한 해결책을 제시할 수 있는 것이다.

2012년, 경청 능력을 키우던 나에게도 말할 기회가 왔다. 나는 국회도서관에서 경일협(이하 경기도교육청일반직공무원협의회) 회장의 자격으로 1,500여 명의 공무원을 앞에 두고 연설했다. 그때 내가 말할 수 있었던 힘의 원천은 바로 경청이었다.

"나에겐 꿈이 있습니다. 내가 사랑하는 사람들이 지금보다 더 행복해지는 꿈, 나는 여러분이 원하는 것이 무엇인지 공청회를 통해 잘 알고 있습니다. 가족과 함께해야 할 주말에 우리가 이곳에 모인 이유! 그것은 우리가 하는 일이 우리 가족을 위한 일이며, 교육공동체 가족 모두를 위한 일이기 때문입니다."

그동안 길들여진 듣기 습관으로 나는 교육공동체에서 교육행정 공무원들이 원하는 바를 정확히 짚어내 당당하게 말할 수 있었다. 나는 수백 명의 동료들로부터 '감동적이었다'는 응원의 인사를 받았다. 이처럼 경청 능력은 분명 화술로 이어지게 되어 있다.

말 잘하는 능력자가 되고 싶은가? 방법을 알고 싶다면 먼저 이유를 들어보자. 당신이 간절하게 '말 잘하는 능력자'가 되고 싶은 이유가 다음 중 어디에 해당되는지 살펴보자.

첫째, 나의 능력을 사람들에게 알려 폼 나게 '인기'를 끌고 싶다.

둘째, 멋진 말발로 그동안 당한 것들을 되갚아주며 시원하게 '복수'하고 싶다.

셋째, 상담자로서 멋진 통찰로 내담자의 문제를 단번에 해결하여 '변화'를 이끌어내고 싶다.

넷째, 연인의 마음을 사로잡는 기막힌 프러포즈를 하고 싶다.

다섯째, 당신의 큰 뜻을 만방에 펼쳐 '유능한 정치인'으로 거듭나고 싶다.

당신은 이 중 무엇을 꼽을 텐가? 당신의 이유가 어디에 해당하든 상관없이 '말 잘하는 능력자'가 되려는 당신의 생각부터 정리해야 한다. 지금부터 그 이유를 설명해볼까 한다.

우선, 1장에서 언급했다시피 인기 있는 사람은 다른 사람이 본인에 대하여 얘기하도록 유도하고 자신의 의견은 핵심만 짧게 말한다. 인기를 끌기 위하여 말하기 능력을 향상시킬 요량이라면 상대의 말을 경청하는 것부터 시작해야 한다. 물론 당신이 '갑'이라서 사람들에게 엄청난 부가가치를 창출해줄 상대라면 문제는 달라지겠지만….

인기를 끌기 위해 '말하기'를 무기로 삼았다면 일단, 거울 앞에서 당신의 외모와 발음을 살펴라. 그리고 사람을 감동시킬 강력한 한 방이 있는지부터 점검해야 한다. 그런 건 없고 말발로 한 방을 키워나갈 생각이라면 일단 한 발짝 물러서서 듣는 태도부터 배워야 한다.

그동안 '말발'이 없어서 멍청하게 당하고만 살아온 시간, 화려한 말솜씨로 복수하고 싶다면? 과연 '어떻게', '무엇'으로 할 것인가? 상대의 말에 귀 기울이지 않고 말하기 능력으로 복수를 꿈꾼다는 것은 사실 어불성설이다. 역시나 말하기 능력보다 듣는 능력을 기르는 것이 우선이다. 대화마다 인내를 가지고 들어야 하는 것이다.

사람은 사람을 변화시킬 수 없다. 변화는 스스로 하는 것이다. 초보 상담자들이 가장 어려워하는 부분이 이것이다. 사람의 변화를 도울 수 있다는 의욕이 앞서서 상대의 동기에 태클을 거는 것이다. 예를 들어 성에 빠져 야동에 집착하는 내담자를 만났을 경우, 이렇게 말했다 치자.

"그 나이 때는 뭐 누구나 그렇죠. 다 지나갑니다. 호기심은 누구에게나 있지요. 나쁜 것만은 아니에요. 머릿속에서 야한 생각이 떠나지 않는다구요? 그럴 수 있어요. 하지만 노력해야 해요. 노력하면 변할 수 있답니다."

미안하지만 상대는 이런 말에 동의할 생각도 이유도 없다. 내담자는 자신의 말을 들어줄 사람을 찾아왔지, 강요를 당하러 온 것이 아니기 때문이다.

연인의 마음을 사로잡아 이참에 기막힌 프러포즈를 하려고 '말 잘하는 능력자'를 선택했다면, 이렇게 묻고 싶다.

"무슨 할리우드의 유명 꽃미남도 아니면서 어떻게 마음을 사로잡겠다는 건가요?"

우선은 연인이 원하는 것이 무엇인지부터 간파해야 한다. 방법은 듣기다. '열 번 찍어 안 넘어가는 나무 없다'는 말을 너무 좋아하지 마라. 열댓 번 찍어서 넘어지는 나무는 크게 쓸모가 없다. 한쪽이 일방적으로 찍어 쓰러진 나무가 되어 결혼한 부부는 그 후에 다양한 경로로 톡톡히 대가를 치루는 것을 나는 여러 번 보았다.

큰 뜻을 만방에 펼쳐 유능한 정치인으로 거듭나기 위해서라면? '말하기 능력자'가 되어 민심을 사로잡는 감동을 전하는 것은 정치 지망생들의 로망이다. 그렇다면 큰 뜻을 만방에 알린 위대한 정치가들이 과연 어떤 '말 잘하는 능력자'였는지 들여다보자.

그들의 말은 하나같이 짧고 간결하며 명쾌하다. 왜일까? 그들이 하는 '결정적인 한마디'는 에센스, 즉 핵심이기 때문이다. 인내와 끈기의 경청 능력으로 숙성시킨 진액! 결정적인 말 한마디는 귀를 통하여 심장에서 수많은 세월을 거치며 농익는다. 그가 큰 뜻을 만방에 알리고자 마음먹을 즈음 말들은 결정적인 한마디를 외친다. "불가능은 없습니다!", "그래요, 우린 할 수 있습니다!", "나는 꿈이 있습니다!" 등으로 말이다.

누구나 '능력자'가 되고 싶어 한다. 그러나 능력자는 혼자의 노력으로 이루어지지 않는다. 하물며 '말하기 능력자'는 주변의 도움 없이 결코 홀로 이루어낼 수 없다. 말하는 능력의 원천은 '타인의 말을 듣는 것'이기 때문이다. 그러므로 역시 '잘 듣기'가 우선이다. 말을 잘하려 애쓰지 말고 잘 들으려 애쓰자. 하고 싶은 말은 상대의 말을 들은 후에 해도 늦지 않다. 상대방은 당신보다 두 배 이상 말을 하고 싶어 한다. 그렇다면 당신은 어떻게 해야 하겠는가. 두 배 이상 들어야 당신의 능력을 발휘할 수 있는 것이다. 여기까지 인내를 가지고 들었다면 당신은 이미 '말 잘하는 능력자'가 될 준비를 갖춘 셈이다.

말 잘하는 능력자가 되고 싶은가? 그렇다면 상대의 말을 잘 듣자.

경청은
감정을 담은 음악이다

'손뼉을 치면서, 노래를 부르며 둥글게 둥글게 돌고 도는 세상….'

가수 싸이가 부른 '챔피언'이라는 노래다. 이 노래를 가수의 노래로 듣지 않고 가사만 읽는다면 어떤 느낌일까? 뚱뚱한 몸이지만 날렵한 동작을 선사하는 싸이의 '소리 지르는 네가 챔피언!'이라는 흥은 찾기 어려울 것이다.

가사를 읽을 것인가? 음악을 들을 것인가? 이런 맥락으로 경청을 이해하면 좋을 것 같다. 한마디로 대화에서 말이 가사라면 경청은 음악이다. 경청은 사람의 감정이 담긴 음악이다. 화자의 말 속에 사람의 희로애락이 모두 들어 있기 때문이다.

운명은 말하는 대로 결정된다. 가수는 그가 부른 노래와 상관관계가 있다는 논문이 있다. 즐거운 노래를 부른 가수들은 장수하고 죽음과 이별의 노래를 부른 가수들은 단명할 가능성이 높다는 것이다. '사의 찬미'를 부른 가수 윤심덕의 노래에는 '돈도 명예도 사랑도 다 싫다'는 가사가 나온다. 그는 자살로 생을 마감했다. '서른 즈음에'를 부른 김광석 역시 서른 즈음의 자살로 생을 놓아버렸다. '이별'을 부른 패티김은 작곡가 길옥윤과 이별했다. '만남'을 부른 노사연은 마침내 결혼했다. '해 뜰 날'을 부른 송대관은 쩡하고 인생에 해가 떴다.

한 연구에서 가수 100명을 대상으로 히트곡이 운명에 어떤 영향을 미치는가를 조사한 결과 91명의 가수가 자신의 히트곡과 닮은 운명을 만들었고, 요절한 가수들은 하나같이 죽음과 관련된 노래를 불렀다고 한다. 왜 그럴까? 가수가 노래 한 곡을 세상에 내놓기 위해 2천 번에서 3천 번을 부른다고 한다. 노래가 히트하면 8천여 번을 부른다고 한다. 히트할수록 노래는 가수와 한 몸이 될 수밖에 없다. '감정을 담은 음악'이 사람들의 호감을 얻고 인기를 얻을 수 있기 때문이다.

같은 맥락이다. 하물며 매일 한순간도 빠짐없이 계속되는 말이 그 사람의 운명을 좌우하는 것은 너무나 당연하지 않겠는가. 사람의 말은 그 사람의 감정을 담은 음악이다. 그러므로 사람을 얻기 위해서는 그의 말에 경청해야 한다. '이청득심(以聽得心)'이라는 말이 있다. 귀 기울여 듣는 것은 사람의 마음을 얻는 지혜라는 의미다.

2015년 10월에 이태원의 작은 골목에 알랭드 보통의 인생학교 7번째 분교가 설립되었다.

"생각의 근육이 커지는 곳이었으면 좋겠다."

분교장 손미나의 말이다. 잘나가는 아나운서에서 여행 전문가로 거듭난 그녀는 이렇게 말했다.

"자기 삶의 원칙을 세우고 욕심을 버리면 된다. 사람들이 바라고 생각하면서도 실천하지 못하는 이유는 지금 갖고 있는 것을 놓칠까 봐서다. 특히 돈을 생각하면 아무것도 할 수 없다. 자신의 한계가 어디인지 가슴 뛰는 일이 무엇인지 잘하는 일이 무엇인지의 교집합을 찾으면 된다."

그녀는 결국 자신이 무엇을 갖고 있는지 파악하는 게 제일 중요하며, 그다음부터는 다양한 경험을 하며 살을 붙여나가라고 권한다. 그녀가 학창 시절에 찾아낸 능력 역시 '경청'이었다.

"전 제가 말을 잘한다고 생각하지 못했는데 대학 시절 스페인에서 공부하며 알게 되었어요. 친구들과 대화를 하면 이야기를 주도하는 게 저더라고요. 그렇게 제가 갖고 있는 장점들을 활용할 수 있는 일이 무엇이 있을까 생각하다 아나운서가 되었어요."

손미나를 아나운서로 만든 것도 경청에서 비롯되었다.

사람은 스토리로 살아간다. 스토리는 목적을 향해 항해하는 선율과 같다. 경청은 이 선율을 모으는 일이다. 아름다운 선율에 귀를 기울이다 보면 그것은 음악이 된다.

상담을 공부하다 보면 사람에 대해 연구한 많은 이를 만나게 된다. 나는 심리학자의 이론을 접하기 전에 그가 살아온 삶의 여정을 먼저 본다. 살아 있는지, 지금 몇 살인지, 어린 시절은 어떻게 보냈는지, 고뇌는 무엇인지 등등…. 그 살아온 이야기에 귀를 기울이다 보면 그가 왜 인간의 욕망에 몰두했는지, 왜 열등감을 극복하려 했는지, 왜 그토록 경청을 소중하게 생각하는지, 견디기 힘든 길을 어떤 힘으로 서슴지 않고 이겨왔는지를 알 수 있다.

조신영, 박현찬의 《경청》에 바이올린의 이야기가 나온다.

'바이올린은 빈 통의 구멍으로 소리를 낸다. 빈 통의 소리통으로 음악을 만드는 것이다. 바이올린이 멋진 소리를 내기 위해 소리통(몸체)이 비워져 있듯이 멋진 커뮤니케이션을 하기 위해서는 내가 다른 사람들의 말을 잘 들을 수 있게 비워져 있어야 한다.'

상대의 말에 귀를 기울이자. 상대의 말이 바이올린의 선율이 되도록 말이다. 거듭 강조한다. 경청은 사람의 마음을 담은 음악이다.

척하는 경청을
하지 마라

상대의 말을 건성으로 듣는 사람이 있다. 그런 사람들은 상대가 말을 시작하기 전에는 호들갑을 떨며 관심이 있는 척하지만 막상 말을 시작하면 눈동자가 흔들리고 상대의 눈을 피하며 듣는다. 그들의 반응은 예컨대 이런 식이다.

"아! 그래요, 그랬군요. 어쩜, 정말 너그러우시네."

이런 식으로 상대의 감정을 고려하지 않고 형식적으로 말을 듣는다. 그러다 상대가 화가 잔뜩 난 얼굴로 "빌려 간 돈을 언제 갚을 거냐고 묻는데, 뭐가 너그럽다는 거요?" 하며 쏘아붙이면 그제야 그는 "아아 내 말은 그 뜻이 아니고요, 내가 잠깐 딴생각을 하는 바람에" 하면서 얼버무린다. 결국 상대의 화를 더 돋우고 만다. 척하는 경청은 상대를 무시하겠다는 태도나 마찬가지다. 사람들과 대화하면서 그런 경험이 있다면 당신의 경청 태도를 한번 돌아보자. 이참에 당신 주변에 어떤 사람들이 있는지도 한번 돌아보자.

당신 주변인들의 성품은 당신의 경청 태도를 방증한다. 어떤가? 이번 기회에 당신의 인간관계를 정리해보는 건 어떨까? 인간관계가 정리되는 기회는 여러 경로로 다가온다. 당신이 큰 시련에 부닥쳤을 때는 물론 당신이 크게 성공했을 때도 관계는 정리된다.

어떤 경로든 상관없이 당신 주변에 꾸준히 맴도는 사람들이 있는가? 그렇다면 적어도 그는 당신에게 진품들이다. 그 진품의 면모를 자세히 들여다보면 평소 '당신의 경청 태도'를 엿볼 수 있다. 당신 주위에 금세 떠오르는 사람들은 어떤 성향인가? 무언가 좋은 것이 생기면 주지 못해 안달하는가? 꼭 돈을 필요로 하거나 부탁할 일이 있을 때만 모여드는가? 한번 구분해보자. 전자보다 후자가 훨씬 많다면 당신의 경청 태도에 문제가 있다는 신호다.

만일 후자인 사람들이 어슬렁거린다면 당신의 듣는 태도를 돌아봐야 한다. 혹시 상대가 말할 때 넘겨짚었는가? 상대가 말하는 도중 휴대전화를 보거나 바닥을 보았는가? 상대의 말이 끝나기를 처음부터 호시탐탐 고대하였는가? 입을 가리지 않았는가? 혹은 턱받침을 한 채 격발 자세로 있다시피 하였는가? 상대가 말할 때 팔짱을 끼고 있었는가? 대놓고 시계를 보았는가? 이 중 한 가지라도 해당된다면 당신 주위의 하이에나들은 당신 곁을 떠나지 않을 것이다.

미국의 마스터코치(MCC) 린 베니스는 경청의 단계를 다음과 같이 구분했다. 그는 경청하는 척하지만 딴짓을 하는 단계로 '발언 기회 포착', '경험담 제시 포착', '조언 기회 포착' 단계를 들었다.

'발언 기회 포착' 단계는 우리가 일상에서 가장 자주 접하는 상황이다. 누구나 말을 하고 싶어 한다. 하지만 상대가 말하는 내내 당신이 말할 기회를 호시탐탐 노린다면 정작 당신의 말은 갈 곳이 없다. 설령 당신이 주구장창 말을 쏟아내도 상대는 초점 없는 당신의 말 속에서 자신이 말할 타이밍을 찾고 있을 것이다.

'경험담 제시 포착' 단계는 말하는 사람이 하는 내용을 들으면서 '와, 나도 그랬는데 내 경험이 더 다이내믹하지 않을까?'라는 생각에 상대에게 어서 빨리 자기 이야기를 하고 싶어 하는 단계다. 그러나 그것은 자기 생각일 뿐 상대는 지금 이야기를 들어줄 최고의 상대가 필요하다는 사실을 명심해야 한다.

'조언 기회 포착' 단계는 말하는 사람의 주제에 공감하지만 상대가 원하지도 않는 조언을 해줄 타이밍을 의기양양하게 찾고 있는 단계이다. 이것 역시 경청과는 거리가 멀다.

진정한 경청은 속마음의 이해 단계부터 시작된다. 충분히 듣고 더 알고 싶은 정보를 질문을 통해 파악하는 단계가 바로 이 단계다. 다음은 속마음을 이해하는 적극적 경청의 단계로, 상대가 표현하지 않은 내면의 소리에 귀를 기울이는 최고의 단계다.

척하는 경청을 하는 사람은 체면을 유지하기 위해서, 대화 속에서 이득을 얻기 위해서, 상대를 기만하기 위해서 경청을 활용하는 경우가 많다. 그러나 어떤 경우든 목적을 달성할 수 없기는 마찬가지다.

한참 비디오 대여가 유행할 때의 이야기다. 단골 비디오 가게에서 서비스로 주는 영화를 보면 주인이 고객을 진심으로 대하는지 진심인 척하는지 금세 알 수 있다. 누구나 보았음 직한 성룡의 영화나 〈인디에나 존스〉 같은 것을 덤으로 주며 "고마워서요. 서비스입니다" 하는 주인이 있었다. 왠지 그 가게를 지날 때마다 주인의 음흉한 눈빛이 생각났다. 한 블록 아래 새 비디오 가게가 생겼다. 그곳 주인은 몇 번 거래를 터서 안면을 익히면 가장 최신형 하나를 남겨두었다가 서비스로 선사한다. 어느 가게가 살아남았겠는가? 당연히 두 번째 가게이다. 그 가게 5년이 지나도록 사람의 발길이 이어졌다. 주려거든 내게 소중한 것을 주자. 내게 소중한 것이 남에게도 소중하기 때문이다.

마찬가지다. 대화에서 척하는 경청은 결국 당신을 돕는 척하는 사람들에 둘러싸여 이래저래 이용당하기 일쑤다. 문 닫은 비디오 가게의 꼴이 되기 십상이라는 얘기다.

협의회 활동 당시, 언변이 좋고 사교성도 있어서 가깝게 지내던 후배가 있었다. 쟁점 사안이 생겨서 논의를 할 때 그 후배는 누구 못지않게 논리정연하고 정의롭게 말했다.

"선배님, 공감대를 형성하고 마음을 움직여야 사람들이 들불처럼 일어나지 않겠습니까?"

그러나 나는 한 번도 그 후배가 공청회나 집회 당일에 나타나는 걸 본 적이 없다. 토론회를 준비하는 과정에서 문서를 작성하고 자료를 만드는 내내 그는 보이지 않았다. 그는 사진을 찍을 때만 번개같이 나타났다. 사람과 사람 사이에서 애매하게 발을 걸치고 살던 그 후배가 지금은 어디서 어떻게 걸치고 살아가고 있을까? 분명한 것은, 그는 편안해 보이는 길을 택하였지만 그 길이 결코 평탄하지만은 않을 거라는 사실이다.

　척하는 경청은 집어치우자. 척하는 경청은 진정한 인기의 가장 큰
적이다. 서로를 스쳐 지나가면서 어떻게 다른 사람들과 말을 할 수 있
단 말인가?

　사람들은 말을 하거나, 중요한 발표를 할 때 심혈을 기울여 준비한
다. 상대방이 어떻게 하면 잘 이해할 수 있을까 궁리하며 정보 수집을
하고 배경 스토리를 갖춘다. 그러나 들을 때는 들리는 정보에 "음, 그
래", "그렇군", "정말로?" 등 형식적으로 반응하며 기회가 닿으면 자
기의 이야기를 하려 한다. "제가 다 알아요. 제가 그 일 하루 이틀 해
본 것도 아니고", "나도 그걸 이미 짐작은 했었지만", "그건 누구나 그
렇게 생각하지만" 따위의 척하는 경청은 일견 대화가 잘 이루어지는
것 같다. 또한 말하는 사람은 척하는 경청을 눈치채지 못하기 일쑤다.
그러나 이렇게 허투루 듣는 경청은 반쪽 정보밖에 얻지 못한다. 가장
중요한 상대의 감정을 놓치기 때문이다. 상대의 정보를 어렴풋 이 기
억하고 알아챘지만, 그의 감정을 읽어내지 못하면 중요한 정보를 놓
치게 된다.

　척하는 경청 대신에 반영을 하자. 반영은 진지한 경청을 토대로만
가능하다. 척하는 심리 속에는 듣는 척하면서 시종일관 '언제쯤 저이
의 말을 가로채서 내가 주도권을 잡을까' 하는 심리가 숨어 있다.

　척하는 경청을 하려면 차라리 상대방이 말한 것을 그대로 말하는
'단순 반영'이라도 하자. 반영하기는 변화의 방향으로 이야기를 계
속 나아가게 한다. 화자의 이야기를 촉진시키며 자세와 태도를 화자

에게 맞추게 된다. 이를테면 "우리 형처럼 되었으면 좋겠어요"했을 때 "아, 예"보다는 "형처럼 되고 싶으시군요" 하는 것이다. "요즘 항상 피곤한 일뿐이에요" 하면 "아, 그렇군요"보다는 "항상 피곤하시군요"라고 하는 것이다. "직장생활을 계속해야 할지 고민이네요" 하면 "아, 예"보다는 "확실하지 않네요" 하는 것이다. 어떤가? 척하는 경청보다는 훨씬 더 의미 있는 관계를 만들 수 있는 장이 펼쳐지지 않겠는가!

이겨야 할 기회에서 이기지 못하면 포인트 두 배를 잃는다는 평범한 진리는 경청에서도 통한다. 척하는 경청 대신 마음을 담은 대화를 소통에 반영하자.

영혼 없는 잔머리 경청을
하지 마라

나는 중학교를 졸업하고 고향 공주를 떠나 경북 구미에 있는 고등학교로 전학을 갔다. 단지 밥 해줄 사람이 없어서다. 어머니를 잃고 병환으로 고생하시던 아버지마저 세상을 떠나자 밥을 해줄 누이가 사는 곳으로 이사를 한 것이다. 사투리도, 사람도 낯설었으니 당연히 친구도 없었다.

그러던 어느 날이었다. 독일어 수업 시간에 선생님이 나를 불러 세웠다.

"얘를 잘 봐둬라. 얘는 무얼 해도 먹고살 사람이다. 이 학생이 우리 학교 작문 대회에서 장원을 했다. 글을 쓰는 사람은 무엇을 하든 세상을 잘 살아내는 사람이다."

힘들고 외롭던 시절에 들었던 이 말씀은 지금까지 내 심장을 뜨겁게 달군다.

졸업하던 해 친한 친구 하나가 뜬금없이 소주를 사 와서는 옥상으로 올라오라 재촉했다. 친구는 대학 합격증을 꺼내 보이며 자신의 형과 나눈 이야기를 털어놓았다. 요즘에야 각종 대출제도가 잘되어 돈이 없어 대학 못 가는 사람은 없지만 1980년대의 시골은 그렇지 못했다.

"학교를 일단 다니면서 아르바이트도 하고 안 되면 일 년 쉬면서 등록금을 벌게요."

친구의 말에 그의 형은 이렇게 말했단다.

"무슨 말인지 다 알아. 알겠는데 그게 그렇게 쉽냐? 잠은 어디서 잘 거고, 밥은 어떻게 할 건데? 등록금 싼 공립대도 아니고… 다 너를 위해 하는 말인데… 고생할까 봐 하는 말인데…."

인문계 고등학교를 졸업하고 대학 입학원서와 공장 입사원서를 두고 친구는 그렇게 그의 형과 이야기를 나누었다.

공부밖에 몰랐던 친구는 소주를 마시며 괴로워했다.

"알기는 개뿔이나 뭘 안다는 거냐고, 안 그렇나?"

친구는 무엇보다 "다 알겠는데, 다 너를 위해서, 고생할까 봐"라는 말을 되뇔 때마다 소주를 들이켰다. 결국 친구는 집을 뛰쳐나가 휴학을 하고 등록금을 벌기 위해 전선공장에 취업했다.

'알 만큼 알겠다'는 말보다 더 힘 빠지게 하는 말은 없다. 상대와 똑같은 경험을 했을지라도 짐작하여 말하는 것을 주의하자. 같은 경험을 똑같이 했을 경우에도 사람마다 느낌이 다르고 상황이 다르기 때문이다. 결국 똑같은 일은 발생하지 않는다는 결론이 나온다. 마치 강물에 발을 담그고 서 있어도 모두 같은 강물이 아닌 것과 같다. 특히 일찌감치 자립으로 시련을 이겨낸 사람들과 모든 결정을 타인의 손에 건네고 살아온 사람들이 느끼는 경험은 많은 차이가 있다.

잔머리 경청은 상대의 말 중에서 자신이 듣고 싶은 말만 선별해서 들으며 자신에게 필요한 말이 나오면 기다렸다는 듯 반응을 보이는 것이다. 그가 보여주는 반응은 일견 자신의 이득과 관련 없는 반대의 입장을 강조하기도 한다. 그러나 표현하지 않은 감정을 넘겨짚으며 어떻게든 자신이 듣고 싶은 말을 유도하려고 애쓴다. 하지만 그의 수고는 말하는 사람의 동기나 의도와 맞지 않는 경우가 대부분이다. 왜 그럴까? 상대가 말하는 진정한 의도를 정확하게 알아채지 못하기 때문이다. 상대의 말이 이득이 없다 싶으면 가차 없이 무시해버리거나 관심이 없는 것은 걸러버린다. 그런 사람은 콘셉트가 변덕스럽다. 무슨 생각을 하고 있는지 어디로 튈지 알 수 없기 때문에 말하는 사람을 초조하게 만든다.

경청해야 하는데 딴생각을 하면 제대로 된 소통은 반영할 수 없다. 화자의 목소리가 작거나, 말의 속도가 지나치게 빠르거나, 비언어적인 단어 · 자세 · 얼굴 표정 · 목소리 톤 · 시선 접촉 · 몸짓 등을 제대로 포착하지 못하고 형식적 경청을 했을 경우에는 의미는 더 달라진다. 이때 제대로 된 경청을 했다면 "다시 한 번 말씀해주세요. 이렇게 들렸는데 맞나요?" 하는 식으로 즉시 질문을 통해 착오를 제거해야 한다. 하물며 청자의 입장에서 들은 말을 잘못 이해한 경우에는 자신의 경청 태도를 돌아보라는 신호다.

어느 날, 상담을 요청해온 중년 부인이 하소연을 했다.

"진저리가 나요. 단 한 번도 말 한마디 따뜻하게 하는 법이 없어요. 이제는 은퇴해서 집안일에 간섭하는데 빨래들이 여기저기 흩어져 있다, 식탁에 국물이 그대로다, 냉장고가 쓰레기통이다, 그러면서 걸핏하면 술을 마시고 들어와서 잔소리를 해대고…. 저도 더 이상은 참을 수 없어요. 왜 사람들이 늘그막에 이혼을 시도하는지 이해가 가요. 평생을 뒷바라지하다가 이제야 내 생활이 생겼는데 이제 말년에 상전이 들어섰으니 하루하루가 지옥이고 앞날이 캄캄해요."

이때, 영혼 없는 경청으로 "남자들 다 그렇죠. 뭐 어쩌겠어요. 불쌍한 사람 하나 구해준다 생각하고 살아야지. 그래도 말하고 나니 속은 시원하시죠? 시간이 되면 여기 와서 다 털어놓으세요" 하는 소통 반

영을 했다면 어떨까? 영혼 없는 잔머리 경청은 상황을 파국으로 몰고 가면서 어떠한 변화도 유발하지 못한다. 상대의 말을 있는 그대로 듣고 "진저리가 났군요", "최선을 다해 살았네요", "용서가 안 되시겠네요", "답답하고 불안하시겠어요"라는 소통 반영으로 그의 말에 귀를 기울여준다면 내담자는 변화를 향한 발걸음을 내딛게 될 것이다.

상대의 말에 경청하고 "제게 들리기에", "그러니까 선생님의 마음은" 등의 말머리를 사용하여 소통을 반영하는 습관을 들이자.

위의 내담자와는 "내 인생이 없네요"로 면담을 시작하여 결국 내담자가 자기 주장을 통해 자신의 제2의 인생을 찾는 방향으로 면담이 진행되었다. 내담자는 건강식을 만드는 독특한 재주가 있음을 발견했다. 면담 과정에서 내담자는 상대의 말에 경청하는 것이 상대와 통하는 가장 빠른 길이라는 사실을 깨달았고, 그것을 자신의 생활에 적용하여 삶의 질을 향상시켰다.

소통 반영을 할 때는 상대가 한 말보다 짧게 하자. 그렇다고 상대를 앞서가는 반영은 하지 않도록 주의하자. 상대가 자신의 가치관이나 목표를 탐색하게 하려면 소극적으로 말하는 것이 오히려 도움이 된다. 특히 감정을 찾기를 원한다면 더욱 그렇다.

도대체 무슨 말을 하려는지 변명으로 시작하는 사람이 있다. "실은 회사가 사정이 안 좋아서…", "갑자기 여러 일이 겹쳐서…", "집안 어르신이 교통사고가 나서…" 등등으로 말이다. 대개 상대의 반응은 이렇다.

"듣고 있다 보면 복장이 터져 못 듣겠어요. 자리를 피할 수도 없고 말은 왜 그렇게 띄엄띄엄 하는지, 돈을 꾸어달라는 얘긴지 뭔지 도대체 종잡을 수가 없어요."

피할 수 없는 상대와 만나 이러한 상황에 부딪혔을지라도 속으로 상대를 비난하거나 조급한 마음에 자리를 피할 방법을 궁리하지 마라. "그러니까 선생님께서는 돈을 빌릴 사람이 필요하신가요?", "갑작스런 일이 생겨 난감한 상황이시네요" 하는 식으로 소통 반영을 하자.

영혼 없는 잔머리 경청은 시간을 낭비할 뿐 소통에 전혀 도움이 되지 않는다. 따라서 이런 빈껍데기 경청은 절대 금물이다. 이러한 경청 태도는 당신의 돈은 물론이고 행복, 나아가 미래의 행운까지 날려버릴 수 있다. 심지어 당신의 꿈마저 한순간에 물거품으로 만들어버릴지도 모른다.

짧고 간결하게
피드백을 하라

중학교 1학년 첫 번째 시험은 부모들에게 기대와 흥분, 좌절과 위기의 순간이다. 시험 성적이 본격 경쟁 체제에서 경쟁력을 가늠하는 척도일 뿐만 아니라 학생의 진정한 실력을 객관적으로 가늠하는 사실상 첫 번째 무대이기 때문이다. 우리나라의 입시제도하에서는 이러니저러니 해도 진로 결정에 성적이 적성보다 훨씬 중요하게 작용하기 때문에 엄마들, 특히 강남이나 분당의 엄마들에게는 초미의 관심 대상이다. 그러나 학생의 장래를 결정하는 것이 실은 성적이 아니라 성적에 대한 피드백에 있다는 사실은 모르고들 있는 게 현실이다.

극성 부모들은 첫 번째 시험 결과가 기대에 못 미칠 경우 "큰일 났다"며 호들갑을 떤다. 이 호들갑은 여름방학을 거쳐 2학기 중간고사 때까지 계속된다. 그 대책으로 학원의 문제점이 먼저 지적되어 아이들은 좀 더 강도 높은 학원으로 내몰린다. 생각보다 높은 성적을 받은 학생의 부모들은 안도의 한숨을 쉬며 "그래도 긴장을 늦추면 안 된다"고 독려한다. 여름방학과 2학기 중간까지 이어지는 부모의 긴장은 성적이 잘 나와도 마찬가지다. 어떤 피드백이든 학생들에게 크게 도움이 되지 않는 것은 똑같다.

일생에 처음 접하는 시험에 대한 기대와 흥분, 좌절의 가장 중심에 있는 이는 학생들이다. 사춘기 초입에서 접하는 험난한 경쟁의 세상에 직면한 아이들의 심정을 이해하고 싶다면 두 가지를 명심하자. 우선 짧게 피드백하자. 못내 성적표를 보여주지 못하는 아이를 보았다면 닦달하지 말고 슬그머니 전하자.

"쉽지 않지? 괜찮아."

여기에 군이 덧붙이고 싶다면 "실망하지 마라, 이제 시작이니까" 정도로 간결하게 말해주자. 물론 결코 쉽지 않은 일이지만 할 수 있다면 그저 모르는 척해주면 어떨까 싶다. 내 경험으로는 가능한 일이다. 왜냐하면 아이들은 어른들이 걱정하는 것만큼 철이 없지 않으니까.

자립심을 기르는 데 방목만 한 것도 없다. 방목이 방치와 근본적으로 다른 점은, 방목은 기꺼이 지켜주며 무척 사랑한다는 것이다. 중요한 건, 그 사랑을 아이들이 충분히 느낄 만큼 사랑해야 한다는 것. 그걸 어떻게 아느냐고 묻는다면 부모의 생일이나 어버이날 아이들의 행동을 보면 잘 알 수 있다. 어버이날 선물을 준비하고 반드시 손편지나 정성이 가득 담긴 말린 네잎클로버를 코팅해서 준비했다면 아이들도 아는 것이다. 어떤 방법으로든 파티의 모양새를 갖추고 스스로 쓴 편지를 다 읽지 못하고 울음을 터뜨리며 부모에게 안긴다면, 방목으로 키운 자식이 부모의 사랑을 알아챘다는 증거다. 아이들의 나이에 상관없이 말이다. 그게 바로 짧고 간결한 피드백의 힘이다.

"아들, 사랑해."

"딸, 뭐 그럴 수도 있지."

"성적이 안 나왔구나? 알지? 네가 감당해야 되는 거."

부모가 깊이 사랑하고 항상 책을 가까이함에도 아이 성적이 오르지 않는다면 그 선에서 멈추고 기다려주는 게 바람직하다. 그리고 인내하며 아이가 말을 할 때까지 믿고 기다려보자.

나는 여주 처갓집 고구마밭에서 아이들을 키우다 직장 때문에 분당으로 근무지를 옮겼다. 선행 학습과 학원에 아이들을 몰아치는 일은 하지 않았다. 물론 아이들이 태생적으로 공부를 좋아해 항상 성적이 상위권이거나 재수 없는 천재는 더더욱 못 된다. 오히려 중학교 내내 하위권을 맴돌았다. 성적에 비해 지나치게 밝은 모습이 오히려 걱정될 정도였다. 변치 않는 성적 35명 중 25등이라니! 하지만 깊은 사랑에 근거한 방목은 분당 지역의 학군에서도 통한다는 사실이 증명되었다.

딸은 우연히 찾아낸 큐레이터라는 직업에 꽂혔다. 성적이 안 되어 중3 때 준비했던 예고를 낙방한 뒤 인문계 고등학교에 입학한 딸은 "내가 하고 싶은 일을 하려면 미술사학과를 가야 해", "성적이 최소한 이 등급은 돼야 해" 하며 목표를 찾아갔다. 딸은 결국 자신이 원하는 고고미술사학과에 입학했다. 딸의 원하는 학과 합격은 성적으로 상한 마음을 방목과 '짧은 피드백'으로 대신한 결실이다. '원하는 과'

는 우리 부모한테는 더할 나위 없는 선물이었다. 고3부터 신앙을 갖기 시작한 딸은 고3 시절 내내 공부하며 받는 스트레스를 기도로 풀었다. 깊은 믿음과 차분한 성격으로 자신의 목표를 향해 한 걸음씩 멈추지 않고 걸어가는 딸이 신기할 정도다. 딸은 아무리 먼 거리도 걷는 데 주저함이 없다. 어떤 상황에서도 비교하지 않고 불평하지 않는다. 깊은 믿음에 의한 방목과 지적 대신 '짧고 간결한 피드백'으로 키웠기 때문이다.

아들은 초등학교 5학년 때 축구선수를 하겠다고 덤볐다. 학원 대신 동네 유소년 축구클럽을 더 좋아했던 아이는 5학년 때 축구부가 있는 학교에 다니기를 희망했다.

"엄마 아빠는 바빠서 데려다줄 수도 데려올 수도 없어."

"그럼 카드 주세요. 내가 혼자 다닐게요."

신체 조건과 폐활량, 드리블 능력 등 어딜 보아도 축구선수와는 거리가 있어 보이는 아들은 그렇게 축구를 시작했고, 그 후 3개월 만에 축구계를 떠났다. 지금은 야구로 전향했다. 그것도 관전 야구로! 학원을 싫어하는 아이의 의사를 존중하여 6학년 때 일산의 한국국제기독학교를 보냈다. 앞서 말했던 그 울먹이는 손편지의 주인공이 우리 아들이다. 메이저리그 경기를 현지에서 볼 수도 있는 미국 소재의 학교에 가겠노라 출사표를 던진 아들은 현재 앨라배마주의 세인트버나드 고등학교에 입학 허가를 받아놓은 상태다.

"할 수 있겠냐?"

"응, 거기 가면 야구장도 있다며?"

아들은 이렇게 태연히 말한다. 눈물도 많고 성격도 한 성격 하지만 알 건 다 아는 열다섯 살짜리다. 방목에 의한 '짧고 간결한 피드백'은 이처럼 자녀 교육에서도 힘이 세다.

인상도 좋고 키도 큰 데다 입사 성적도 우수한 사람이 면접에서 '자신의 포부'를 묻는 질문을 받았다.

"제가 이 회사에 지원한 목적은 자아 발전입니다. 그러므로 회사 일을 내 일처럼 책임감 있게 추진하고 동료들과도 가족같이 지낼 것입니다. 가족 같은 마음으로 책임감 있게 일하면 나의 성장과 더불어 회사가 크게 성장하리라 확신합니다. 저를 쓰신다면 회사는 크게 성장하리라 믿어 의심치 않습니다."

이때 면접관이 되물었다.

"회사와 가정생활은 다르지 않습니까?"

"그렇긴 하죠. 그렇지만…."

만일 이렇게 답변을 이어간다면 면접관은 '이 사람이 대체 회사에서 원하는 게 무엇인지 모르겠군!'이라고 여길 가능성이 크다. 잘 들었다면 상대방의 말에 초점을 두고 간결하게 표현하자. 불필요한 긴 답변은 먹이가 될 수 있다는 사실을 기억하자. 상대의 의견에 맞추려다 오히려 말이 길어져 삼천포로 빠질 수 있다. 남자는 매일 15,000단어를 여자는 25,000단어를 사용한다고 한다. 지뢰밭 같은 말의 연속이다. 그러니 더욱더 간결해야 한다.

경청에서 피드백은 새로운 것을 첨가하거나 의견을 제시하는 것이 아니다. 상대방이 성심성의껏 준비하여 말한 것을 깔끔하게 키워주는 것이다. 피드백으로 담을 수 있는 내용은 무궁무진한데, 가급적 상대가 원하는 말을 살려주는 쪽이어야 한다. 피드백은 상대의 말을 그대로, 혹은 약간 다르게, 긍정적으로 추가하여 던져주는 것이다. 화자가 말하고 싶어 하는 것을 포착하고 태도를 화자에게 맞추어 화자의 이야기를 촉진시킨다. 그렇게 함으로써 화자의 말이 기를 살려갈 수 있도록 하는 것이다.

긴 피드백은 화자의 방향에 오히려 방해가 될 뿐이다. 피드백은 화자의 말을 잘 듣고 있음을 나타내는 척도이기도 하지만 지루하게 반복되면 상대에게는 공감받고 있다는 느낌을 감소시킬 수 있다. 몇 번의 간결한 피드백 후에는 화자의 말의 의미, 깊이에 더해서 말하면 상대를 고무시킬 수 있다. 이때는 상대의 말을 제대로 경청하고 마음까지 꿰뚫었다는 뜻이며, 매우 큰 효과를 보았다는 의미이다.

명심하자. 경청 후의 피드백은 짧고 간결하게 핵심을 돌려줘야 한다. 간결하게 말하기의 기준은 1분 이내가 적당하다. 상대방과 이야기를 나누는 일은 책이나 신문을 읽는 일과 다르다. 앞의 내용이 기억나지 않아도 돌아가 볼 수 없다. 따라서 상대방이 분명히 기억할 수 있도록 되도록 짧게 핵심만 말해야 한다. 하물며 상대방이 한 말에 대하여 피드백할 때는 더욱 짧고 간결하게 해야 한다. 짧게 말하는 습관은 사고력, 논리력 향상에 도움이 될 뿐만 아니라 '샤프한 사람', '머리 좋은 사람'이라는 인상을 준다. 상대방의 주장을 잘 들을 때 강렬한 피드백 또한 가능하다.

상대가 한 말을 경청한 후에는 짧고 간결하게 피드백하기! 이것이 핵심이다.

상대에게 미치지 않고는
내 편으로 만들 수 없다

'미치지 않으면 미칠 수 없다(不狂不及).'

독서광, 문학광, 영화광으로 불리는 김혁 소설가의 독서 지론이다. 그의 말처럼 민족 전체가 독서 풍조에 동참하고 우리의 문화 풍토, 사회 풍토를 가꾸어갈 때 세상은 더 참되고 정갈하고 아름답지 않을까?

통합 PT를 통해 10분 만에 100억의 매출을 달성한 보험 전문가 임한기의 저서 《평생 단 한 번의 만남》에 이런 말이 나온다.

'미치지 않으면 시작하지 말아야 한다.'

그는 책을 통해 이렇게 말한다.

'무언가에 빠져 있다는 것과 미쳐 있다는 것은 전혀 다른 모습이다. 빠져 있다는 것은 단순히 좋아하고 집중한다는 것이지만, 미쳐 있다는 것은 그것 외에는 어떤 것도 생각하지 않는다는 것이다.'

두려운 눈동자를 한 말 없는 아이! 초등학교 시절의 내 모습이었다. 처진 어깨와 느린 발걸음, 봄에 사발꽃이 만개하여도, 철쭉이 눈부시게 펴도 내 삶에 기쁨은 찾아보기 힘들었다. 어느 여름, 수십 년만의 큰 가뭄이 왔다. 1,000평이나 되는 도짓논에 어머니와 아버지는 밤새 도랑물을 퍼 올렸다. 눈이 보이지 않는 아버지와 힘이 약한 어머니, 그리고 무기력한 나. 내가 할 수 있는 일은 아무것도 없었다. 부모님이 밤새 물을 퍼 올리다가 개울가에 쓰러져 잠들어버렸다. 해는 중천인데 햇빛에 노출된 두 사람의 얼굴이 벌겋게 상기된 채였다.

아버지의 실명 이후 반복되는 불행, 동생의 죽음, 그리고 10여 년간 병간호를 하시던 어머니마저 잃고 나서 나는 마음을 정했다.

'무난하고 무탈한 인생!'

내가 꿈꾸었던 인생의 목표였다. 기지 않고 여유 있게 뒹굴거리며 읽고 싶은 책을 읽으며 사는 인생! 적당히 생각하고 적당히 멈추며 좋은 친구를 만나면 막걸리를 마시는 삶! 돈이 없으면 없는 만큼 마시며 무탈하게 견뎌내는 인생이야말로 내 꿈이었던 시절이 있었다. 어떻게든 무난한 인생이 내가 가장 꿈꾸는 삶의 모습이었다. 그러나 '무난하고 무탈한 인생'은 세상에서 가장 어려운 일임을 알게 되었다. 또한 무사 무탈한 인생은 존재하지도 않았다. 변화를 두려워하는 인생은 결코 사랑하는 사람을 지킬 수 없는 것이 현실이다.

한 치 앞을 가늠할 수 없는 사람의 마음에는 미치지 않으면 이를 수 없다. 미친다는 것은 시간과 공간을 초월한 집중을 의미한다. 성경에도 마음을 다하고 정성을 다하고 뜻을 다하여 경배해야 사랑을 실천할 수 있다고 했다. 목적을 향하여 돌진하는 '광기의 노력과 또라이의 집중'이 원하는 것을 얻는 비결이다.

인텔의 전 CEO 앤드루 그로브는 《승자의 법칙》에서 전문가적 열정에 대해 이야기했다. 편집광으로 번역되는 'paranoia'는 한 분야에 미친 듯이 빠져 있는 열정적인 사람으로, 이런 열정을 갖춘 사람만이 성공에 이를 수 있다고 한다.

사람에 미치는 방법은 무엇일까? 외모, 몸매, 화려한 옷, 재산, 사회적 지위, 명예는 사람이 쓴 가면에 불과하다. 사람에 미치는 방법은 그의 세계를 완전히 받아들이고 완전한 무장해제 상태에서 그를 경청하는 것이다.

고흐! 나는 그 이름만 들어도 그의 퀭한 눈매와 광대뼈, 해바라기 그리고 그의 열정이 떠오른다. 그가 그린 그림은 영혼의 산물이다. 그의 그림을 앞에 두고 한참을 들여다보고 있노라면 그의 광기를 엿볼 수 있다. 고뇌의 사나이 고흐는 자신의 마지막을 계획했을까? 밀밭에 앉아 넋 놓고 하늘을 바라보고 있던 고흐는 운명적 만남의 정수 앞에 놓여 있었다. 자신에 대한 모멸감, 동생에 대한 미안함 그리고 사랑하는 사람에게 해줄 것이 없는 자신에 대한 무력감, 그림에 대한 간절한 열망을 모아 마지막 그림을 그리고 싶었을까? 저무는 밀밭에서 고흐의 퀭한 눈에 그렁그렁하던 눈물이 말라갈 무렵, 고흐의 눈에는 이미 까마귀가 날아오르고 있었다. 까마귀 떼는 고흐의 퀭한 눈을 통하여 영혼에 전파되었다. 고흐는 자기도 모르게 울부짖으며 미친 듯 그림을 그려나갔다. 가난하고 초라한 화가 고흐를 위하여 노을이 지고 까마득한 저 하늘 밑에서 까마귀 떼가 밀밭을 향해 날아오고 있었던 것이다. 그 시간에 왜 까마귀가 그 밀밭 위를 날기 시작했는지, 고흐는 왜 그 하늘을 응시하고 있었는지, 알 수 없는 일이다. 그 전모를 좀 더 알고 싶다면 그가 동생 테오에게 하는 얘기를 들어보아야 한다. 고흐는 이렇게 말했다.

"테오, 나는 더 이상 그림을 그릴 수 없어. 내 영혼이 빠져나갔거든. 내 영혼은 더 이상 이 육신에 남아 있지 않아."

영혼이 빠져나간 고흐는 그날 죽음을 맞았다.

"나는, 더 이상 그릴 게 없어."

그토록 그리고 싶던 그림을 미친 듯 그리고 난 고흐의 마지막 말이다. 고흐의 유작 '까마귀 나는 밀밭'은 그렇게 탄생했다. 고흐와 까마귀의 만남은 미친 만남이지만 우연하면서도 운명적인 만남이다. 일상생활 속에서 상처투성이가 된 고흐에게 영혼의 안식을 준 것은 영혼과 바꾼 미친 간절함이었다.

마찬가지다. 사람에게 미치고 싶은가? 그렇다면 그 사람에게 미쳐라! 그의 미소와 그의 소리와 그가 가진 옷가지, 세상에서 얻었다고 생각하는 지위 따위로 접근해서는 사람에 미칠 수 없다.

상대에 미치지 않고는 그를 내 편으로 만들 수 없다. 사람을 만나는 일, 하물며 그 일이 직업이 된다면 그보다 큰 축복은 없을 것이다. 다행히 나는 상담이라는 분야에 눈을 돌려 10여 년을 사람들과 소통하는 일을 하고 있다. 상담을 통해 만난 많은 내담자가 털어놓는 공통적인 문제는 '마음 놓고 터놓을 사람이 없다'이다. 부모와 형제자매와 수많은 지인이 있지만 정작 자신의 마음을 드러낼 사람이 없어 속앓

이를 하다가 반신반의한 채 상담실을 찾는 것이다. 현재의 자신과 아무리 대화를 해보아도 문제를 불러일으키는 또 하나의 자기와 참 자기의 모습을 분리하기란 결코 쉽지 않다. 그래서 내담자들은 우선 자신을 알기 위해서 상담실을 찾는다.

상담 자리에서 내담자들이 가장 먼저 고민하는 것은 비밀이 보장되는가 하는 점이다. 상대가 믿을 만한 사람인지를 먼저 파악한다. 이를 '관계 형성하기'라고 한다. 이것이 바로 상대에게 미치는 첫 번째 관문이다. 내담자는 상담자에게 신뢰를 가져야 하고 상담자는 '미칠 만큼 미쳐야' 비로소 서로의 마음에 도달할 수 있다. 하물며 상대가 편집증, 중독, 강박증, 자기애적 증상을 가진 소위 '증'에 해당하는 상태라면 상담자는 상대에게 '미칠 만큼' 동정과 수용, 협동심, 공감의 정신으로 무장해야 한다. 공자는 말했다.

"군자는 자신이 능하지 못하기 때문에 남을 두려워하고, 소인은 자신의 부족함 때문에 남을 믿지 않는다. 그러므로 군자는 사람의 재능을 키워주지만 소인은 남을 눌러 이기려고 하는 것이다."

조선 후기 거상 임상옥의 스승 홍득주는 말했다.

"자네는 장사를 통해 어떤 이문을 남기고 싶은가? 사람을 벌고 남기는 거, 그게 장사야. 그럼 돈은 저절로 따라오게 되지. 사람을 이문으로 남기는 거래! 그것이 장사라네."

사람들을 내 편으로 만들고 싶은가? 그렇다면 사람에게 미치자!

상대의 진심을 알고 싶다면
경청하라

"공감을 잘하고 사려 깊다."

"인정을 잘한다."

"말을 정확하게 한다."

"아는 게 많다."

이는 잘 듣는 사람들의 공통적인 평판이다. "오늘 분위기 화기애애했어. 최선을 다했으니 그저 하늘의 뜻에 맡기고 기다려보지, 뭐" 하고 설레는 마음으로 기다렸는데, 결과는 영 딴판인 경우가 있다.

결과가 기대와 반대로 나온 사연들을 말하면 이렇다. 한때 우리의 누나와 엄마를 울렸던 계주, 사모님들의 사랑을 독차지했던 제비족. 그들은 상대의 마음을 읽고 이성과 감성을 자극할 뿐만 아니라 때를 기다리는 인내력과 헌신하는 마음까지 갖추고 있었다. 헌신적인 계주들의 진심은 곗돈을 타는 날, 멋진 제비족의 진심은 목돈을 빼낸 다음 날 드러난다. 그러나 그럴 리가 없다는 누나, 엄마, 사모님 들의 믿음은 그 후로도 한참을 더 후유증에 시달리고도 사그라지지 않는다. 심지어 구속되어 감옥에 가는 제비족을 붙잡고 "조금만 참으라"는 이도 있다.

왜 이런 일이 벌어지는가? 답은 경청에 있다. 사기꾼들은 경청의 대가들이다. 반면 누나, 엄마, 사모님 들은 말하기의 일인자들이다. 마땅히 말을 터놓고 얘기할 기회가 부족했던 그녀들은 항상 말하기에 목말라 있었다. 말하기에 갈증 난 그녀들 앞에 계주와 제비족의 경청 능력은 놀라운 힘을 발휘한다.

잘 들어주는 매혹적인 상대에게 이야기를 늘어놓느라 그녀들이 놓친 게 있다. 상대 말의 진짜 의미를 파악하기를 잊어버린 것이다. 우선 사기꾼의 흔들리는 눈을 보지 못했다. 두 번째는 상대의 지나친 친밀감의 의도를 감지할 시간을 빼앗겼다. 세 번째는 상대의 계획된 말, 인위적인 몸짓뿐만 아니라 말의 내용과 불일치되는 행동들을 볼 여유가 없었다. 당신의 말에 진심으로 경청해주는 상대에게 너무나 고마워서 말이다. 그의 매력에 빠져서 그를 살필 시간을 놓쳐버린 것이다. 얼마 만에 느껴보는 따뜻한 관심인가? 사기꾼들은 그걸 너무나 잘 알고 있다.

상대는 경청을 통해 그녀의 진실한 마음을 빼앗고 덤으로 원하는 것을 쉽게 손에 넣었다. 사기꾼이 결코 당신과 연락이 되지 않는 이유다. 그녀들은 계를 타는 날 허탈한 표정으로 말했다.

"걔가 뭔가 그럴 사정이 있을 거야. 곧 이유를 얘기하겠지!"

그러나 곗돈을 들고 달아난 계주는 그 모습을 드러내지 않는다.

살면서 혹시 돈을 뜯긴 적이 있다면 누구에게 얼마나 빼앗겼는지 분석해보라. 그들은 어떻게 살고 있는가. 순간 기분이 싸하겠지만 실망하지 않아도 된다. 결론부터 말하면, 그렇게 어물쩍 남의 돈을 떼어먹은 사람치고 잘사는 사람은 단 한 명도 없으니까. 인기는 고사하고 친구들로부터도 요주의 인물이 되어 있거나 뻔뻔한 사람으로 지목되어 자신을 알아보지 못하는 낯선 곳에서 술을 마시며 살아가고 있을 테니까.

나는 이래저래 뜯긴 돈이 대략 2천만 원 정도 된다. 내가 얻은 교훈으로 치면 매우 싼 수업료다. 그 과정을 보면 너무도 극적이고 절박하여 기부라도 해야 할 판이다. 그들은 절박함을 최대한 활용한다. 그렇게 남의 돈을 가져가고도 그들이 결코 부자가 되지 못한 이유는 무엇일까? 그들은 몇 푼의 돈으로 진심을 팔아버렸기 때문이다. 진심이 없는 그들의 뱃속을 채울 게 무엇일까? 끊임없는 비교와 욕심 그리고 세상의 불합리에 대한 불평불만이다. 푼돈 같은 비용으로 엄청난 가난을 구입하며 살아왔다면, 이참에 마음에서 우러나는 경청을 배워 가난을 탈출하자.

상대의 진심을 알고 싶다면 경청하자. 말을 앞세우면 말하는 동안 상대는 당신의 진심을 훔쳐간다. 수려한 외모에, 좋은 학력에, 능력 있는데도 인기를 얻지 못하는 배우가 있다. 반면에 딱히 외모가 특출하지 않은 오달수, 황정민, 송강호, 설경구 등이 인기 있는 이유는 무엇일까? 스크린 속에서는 진심을 다해 연기하고, 대중 앞에서는 한없이 겸손하기 때문이다.

상대의 진심을 얻는 경청의 최고봉은 역시 디테일이다. 친한 사이일수록, 좋은 선배일수록, 편한 상사일수록, 착한 친구일수록 더 디테일하게 집중하자. '뭐 이 정도는 알아서 이해해주겠지'를 조심하자. 세상에 알아서 이해해주는 사람은 없다. 상대가 말할 때의 표정, 태도, 눈짓, 눈의 초점, 몸짓을 잘 살펴보자. 건성으로 말해도 마음으로 듣고, 진심으로 말하면 심장으로 듣자. 상황에 구애받지 말고 상대가 하는 말의 태도, 뜻, 내용 등에 디테일하게 관심을 갖자.

상대의 진심을 얻는 경청법은 이렇다.

첫째, 상대의 말을 들을 때는 내 생각을 남겨두지 말자.

푼돈 같은 당신의 생각은 아무짝에도 쓸모가 없을 뿐만 아니라 대화에도 도움이 되지 않는다. 상대가 저녁에 한턱내겠다고 했다면 그것이 삼겹살이든 소주든 킹크랩이든, 가격이나 메뉴에 관계없이 맛있게 먹어주자. 혹여 '2차 값은?', '너무 비싸면?', '이거 미안해서?' 따위의 생각은 차라리 쓰레기통에 버리고 격하게 놀아주자. 설령 상대가 초대한 메뉴나 식당이 당신 취향이 아니고 음식이 맛없거나 예기치 못한 동반자가 있어서 불편하더라도 말이다. 상대는 당신을 초대하여 대접하는 사람이다. 대화에서는 기꺼이 자신의 시간을 할애하여 당신 앞에 나서준 사람이라는 얘기다. 그러니 정 마음에 들지 않는 상황이라서 뛰쳐나가고 싶은 심정이 들 때는, 화장실에 가는 척하며 거울 앞에 서서 물어보라.

"나는 얼마나 다른 사람을 대접해왔는가?"

그리고 당신을 초대해준 상대에게 서운한 생각을 했던 당신의 푼

돈 같은 생각에게 말해주자. 파티를 연 주인공은 당신이 아니라 상대방이라는 사실을 말이다.

어떤 경로든 사람을 대접하는 일은 굉장한 믿음과 감사를 담고 있다. 그래서 가장 기쁜 일이 있을 때 나는 이렇게 말한다.

"자 파티 한번 합시다. 제가 모실게요."

둘째, 상대의 눈으로 바라보자.

상대가 하는 말을 나의 입장에서 바꾸어보고 상대가 한 말의 사실에 근거하여 감정을 인정해주자. 초대한 자리에서 상대가 하는 말이 마음을 상하게 할지라도 '나라면 이렇게 말했을 텐데'를 속으로 반추하고 그 말이 어떤 마음을 담은 것인지 인정하려 노력하자. 혹 "야! 너는 네가 오늘의 주인공처럼 설친다"처럼 비수 같은 말을 내뱉을지라도 당신은 '내가 오버하지는 않았나?' '상대가 기분이 상했구나' 하고 반성하며 듣자. 상대는 당신을 존중하게 될 것이다.

셋째, 상대가 가깝고 편한 상대일수록 잘 듣자.

분위기가 무르익은 상태일지라도 짐작하지 말자. 상대의 마음을 확인하여 열린 질문을 하자. 상대가 도대체 이해할 수 없는 말을 퍼부을 때도 그러려니 하고 넘어간다면 상대의 마음을 얻을 수 없다. 당신이 이해한 바를 상대에게 물어보자.

"당신 말을 이렇게 이해했는데 맞나요?"

이렇게 사실을 확인하는 질문을 하자. 그다음부터는 두 번 이상 "아, 그래. 그랬구나!"의 소통 반영을 한 후에는 "당신이 한 말을 내가 이해하기로는 이렇게 들리는데 당신은 어떻게 생각하는지 궁금하네요?" 하고 그의 마음속으로 들어가자.

상대의 진심을 얻는 일은 천하를 얻는 일이다. 상대의 진심을 알고 싶다면 경청하자. 위인들은 하나같이 인재의 마음을 얻는 데 공들였다. 칭기즈칸은 말했다.

"내 귀가 나를 가르쳤다."

이는 경청의 중요성을 강조한 말이다. 김구 선생은 "의심하는 사람이면 쓰지를 말고, 쓰는 사람이라면 의심하지 말라"고 하였다.

상대의 진심을 알고 싶다면 경청하자. 작은 자투리 마음도 남김없이, 완전히 무장해제한 상태에서 듣자. 상대의 눈으로 바라보고 편할수록 더 격식을 갖추자. 세상에서 가장 얻기 어려운 것이 사람의 마음이다. 아무리 많은 돈을 줘도 진심을 살 수는 없다. 마치 연애하는 것처럼 내 진심을 먼저 주지 않는 이상 다른 사람의 마음을 얻을 수는 없다.

인간관계의 힘은
경청에서 나온다

말하기보다 경청이 상대의 마음에 접근하는 비결이다. 인간관계는 마음의 거리를 좁혀가는 일이기에 모모처럼 상대의 눈을 들여다보는 데서 관계가 시작된다. 화가 머리끝까지 났는데 꼬박꼬박 토를 다는 상대를 용서할 기분이 들겠는가? 일단 소나기는 피하자.

"오늘 보고가 얼마나 중요한지 알아? 우리 부서 존폐가 걸린 보고가 있는 날이야. 그런 날 지각을 해?"

이때 "차가 막혀서", "애가 아파서", "갑자기 일이 생겨서" 등의 변명을 늘어놓는 사람은 신임을 얻을 수 없다. 일단 무조건 "정말 죄송합니다" 하고 상사의 화가 가라앉을 때까지 납작 엎드려 상사의 말을 경청하는 게 상책이다.

상대의 말을 잘 들어주는 사람은 상대의 감정과 말의 핵심을 잘 간파한다. 이때 이름 부르기나 밝은 표정도 마음의 벽을 허무는 데 효과가 있다. 대화에서 나를 뺄 때와 넣을 때를 구분하는 것도 좋은 방법이다.

나를 빼는 경우는 성과에 대한 평가를 표현할 때이다. 즉, 어떤 성과에 대하여 평가할 때 "우리 모두 열심히 한 덕분에 좋은 성과를 얻었다"고 표현하자. 설령 '나'의 성과일지라도 '우리'로 동료들을 끼워주자. 이때 나는 우리 속에 감추어두었지만 사람들은 당신을 기억하게 된다.

나를 포함시키는 경우, "그것도 좋은 생각 같네요"와 같이 두루뭉술하게 말하지 말고 "나는 이 의견에 찬성합니다"라고 분명하게 표현하자. 그래야 상대방의 마음에 다가설 수 있다. 'here and now'로 마음을 좁히자. "좋은 시간 허락해주셔서 감사했습니다"라며 관계를 종료하고 이별을 고하는 듯한 과거형보다는 기대감을 주는 현재형으로 말하자. "말씀 감사합니다" 하고 간결하게 말해야 관계가 지속된다.

개그 프로그램에서 상대가 무슨 말을 해도 "그래서"라고 말해 웃음을 자아낸 적이 있다. 상대가 진지하게 말할 때나 하고 싶지 않은 말을 할 때 구분 없이 그저 "그래서" 하고 캐묻는 것이다.

상투적인 반응은 인간관계를 망친다. 더불어 촉새를 조심하자. 상대의 말을 진중하게 들어주며 상대를 신나게 하다가 금세 통찰이 왔다는 듯 촉새처럼 뛰어들지 말자. "그러니까 이런 말이죠?" 하고 불쑥 끼어들면 상대에게 불쾌감을 준다. 끝까지 경청하며 황새의 품위를

유지하자.

듣기에서는 경청의 정도를 조정하며 듣는 게 좋다. 경청이 중요하다고 하여도 꽉 차게 경청하는 것을 주의하자. 7:3이 우주의 법칙이라 하여 굳이 7을 들으려 고집하여 몰입하면 상대도 힘이 들지만 나 자신도 힘들다. 7에서 5나 4정도로 유연히 상대에게 마음의 여유를 두고 들어주자.

"정신없다, 바쁘다" 하며 언제나 허둥대는 사람이 있다. 그런 사람은 정말로 그렇게 바쁠까? 그렇지 않다. 그가 정작 바쁜 이유는 그의 '바쁘다'는 말 때문이다. 일의 순서를 정해두지 않고 무작정 서두르는 사람들의 공통적인 모습이다.

당신이 필요할 때 기꺼이 달려와주는 사람이 있는가? 급하게 300

만 원이 필요한 적이 있었다. 전화를 걸었을 때, 한 친구는 이유도 상환 날짜도 묻지 않고 "몸부터 챙겨" 하며 송금해주었다. 나는 고맙고 미안한 마음에 상환 날짜를 그에게 못 박아주었다. 또 한 친구는 우선 이유를 물었다. 걱정이 되어 그런다며 대체 무슨 일이냐고 꼬치꼬치 캐묻는다. 그 친구는 돈을 빌려줄 생각이 없는 친구였다.

첫 번째 친구는 무엇 때문에 이유도 묻지 않고 나의 요구에 응했을까? 그는 언제나 내 말을 경청해주는 친구였다. 그는 나에게 돈을 빌려준 것이 아니라 그저 준 셈 친 것이다. 수년이 지난 지금도, 나는 그 친구와의 거래는 그저 주는 거래로 생각한다. 시간도 마음도 돈도 주고받을 생각을 하지 않는다. 우리는 서로 좀 더 주려고 경쟁하는 사이가 되어버렸다. 나는 그 친구에게 상대의 말을 경청하면서 쌓아올린 '믿음의 힘'을 배웠다. 이 미덕은 언제나 사람을 평온하게 한다. 그는 일상에서도 늘 궂은일을 자처한다. 그러나 그가 손해 보는 경우를 나는 보지 못했다. 항상 결과는 그의 편으로 기울었다. 사람들이 정해놓은 기준의 성공을 거두지는 못했지만 내가 보기에 그는 걸작이다. 왜냐하면 그는 매일 성장하기 때문이다.

"너는 왜 남들처럼 살지 않니? 그렇게 오랜 세월 자동차 부품공장을 하는 동안 왜 항상 기름장갑을 끼고 있니?"

나의 물음에 그는 너털웃음을 터뜨리며 이렇게 말했다.

"나는 일이 재미있어! 내가 여기 사장이지만 결국 돈을 벌기보다는 여기서 일하는 이들 먹여 살려주는 사람이야. 뭐 사는 게 그런 거지."

어떻게 하면 직원들이 실컷 먹을 수 있게 해줄까? 어떻게 하면 여행 한번 보내줄까? 그의 머릿속은 이런 생각들로 가득 차 있다. 말을 하다 보면 그는 조용히 듣고 있다. 그러다가 종종 한마디 던진다.

"네가 하는 말은 재미가 있어."

두 번째 친구는 결국 그 후 거꾸로 내게 급전이 필요하다며 200만 원을 빌려 가고 이런저런 핑계를 대다가 연락조차 두절되었다. 아내가 바람을 피웠다는 흉흉한 소문을 남긴 채 말이다. 그는 종종 이런 말을 했다.

"내가 아는 감사원 형님 말이 세상에 믿을 건 하나도 없대. 마누라를 포함해서 말이야."

그는 언제나 공격적인 말로 상대를 제압하는 선수였다. 어쩌다 말을 할라치면 "아 됐고, 결론부터 말해봐"라고 자르곤 했다. 그는 회사가 자금난에 시달릴 때 친구들의 도움을 받지 못하고 결국 파산했다.

어느 날 아내가 더벅머리를 청산하고 파마를 해볼 것을 권했다. 나는 한 번도 생각해보지 못한 일이라서 망설였다. '이 나이에 무슨' 하는 생각이었다. 그때 미용실 최병수 실장이 우리 부부의 말을 들었는지 "선생님, 잘 어울리실 거 같네요" 하고 말해주었다. 나는 파마에 대해서 여러 궁금한 점을 물었다. 얼마 동안 안 풀리는지, 어떤 사람에게 좋은지, 그리고 어떤 장점이 있는지, 파마가 어울리는 사람은 어떤 머리 형태인지 등등…. 어쩌면 상식적인 내용일 수도 있지만 최 실장은 끝까지 밝은 표정으로 들어주었다. 그는 상대로 하여금 말하게 하는 재주가 있었다. 적극적으로 듣고 난 뒤 간결한 맞장구로 상대의 궁금증을 유발하고 기대하게 했다.

"아, 그러세요? 그러셨구나. 정말요? 나도 그거 좋아하는데. 참 밝으세요."

그 덕분에 태어나 처음으로 변신을 시도했다. 파마를 하며 주위를 둘러보니 고객과 미용사 모두가 친근감 있게 대화를 나누고 있었다. 대화 형태를 보니 주로 손님이 그동안 있었던 일들을 이야기하고 미용사는 가볍게 대꾸해주는 식이었다. 그러고 보니 나는 처음 만난 최 실장에게 '오래 마음에 두고 실천하지 못한 일, 미루어두었던 일, 그리고 변화하지 못한 일' 등 많은 이야기를 털어놓았다.

그날 최 실장은 내게 10월에 어울리는 헤어스타일을 디자인해주었다. 파마는 내게 자신감을 안겨주었다. 자신감은 관계에서의 좋은 평판과 용기 있는 행동으로 이어져 덕분에 나는 많은 사람 앞에서 연설할 기회까지 얻게 되었다. 파마하고 나서 "젊어 보인다", "지적으로 보인다", "멋지다", "세련되어 보인다"는 말을 많이 들었고 지도교수님에게도 "젠틀해 보인다"는 칭찬을 들었다. 경일협회장으로서 국회도서관 기조연설, 동기면담 훈련가로 발탁, 상담 박사 과정에서 지도교수의 호평, 인근 교육청의 특강 요청 등등이 모두 파마를 하고 나서 일어난 일들이다. 최 실장의 경청 덕분에 말이다.

말 잘하는 사람보다
잘 듣는 사람이 이긴다

심리학 용어 '오프너'가 있다. 상대가 마음을 열기 쉬운 사람을 가리키는 말이다. '쉽다'는 말을 '가볍다'는 말보다 '편하다'는 뜻으로 이해하면 오프너의 의미를 쉽게 알 수 있다. 쏘시개, 유발자, 동기유발자 등으로 바꾸어 써도 좋다. 주변에서 인기를 끄는 오프너를 찾아보자. 그들은 자신을 드러내지 않으면서도 사람들에게 인기를 끌고 항상 승리한다는 공통점이 있다.

몸살 기운이 있어서 집에서 가까운 병원에 갔다. 의사는 시큰둥한 표정으로 청진기를 목에 걸고 있었다.

"어디가 아프세요? 아, 해보세요… 음, 후두염이네요. 처방할 테니까 약 받아가세요."

진료가 다 끝났는지도 알 수 없는 애매한 말투였다. 창백한 얼굴에 미간에 주름이 있고 마른 입술의 중년 의사였다. 흰 가운은 때가 얼룩 져 있었다.

"기침하다 보면 침에 피가 섞여 나오기도 하는데 괜찮은 건가요?"

"예에."

귀찮은 듯 말하는 의사라니…. 다시는 보고 싶지 않았다. 나는 감기 기운 때문에 목이 아플 때마다 그 의사가 떠올라 기분까지 가라앉곤 했다.

다른 병원의 의사는 환자의 복장을 보고는 "테니스하다 오셨나 봐 요" 하고 말을 건넨다. 나는 "선생님도 테니스하세요?" 하고 물으니, 자연스레 소통의 분위기가 형성된다. 의사가 환자의 말을 충분히 들 어주면 환자는 마음의 안정을 느낀다. 당연히 의사가 처방한 약도 더 잘 먹게 되고 주의 사항도 잘 따르게 된다. 이 작은 선순환은 병원의 평판으로 이어져 인기 있는 병원이 되는 것이다.

불안한 상황에서의 적절한 잡담은 불안한 마음을 완화해준다. 후 자의 의사는 주변에 물어보면 "친절하고 편하다"는 평판을 듣는다. 이런 의사가 있는 곳은 손님의 발길이 끊이지 않는다. 그 의사는 밖에 서 만나도 "오! 한 게임 하시러 가나 봐요" 하며 환하게 웃는다.

상대를 받아들이고 자신의 마음을 열어 보이는 사람은 자기 분야 에서 승리한다. 왜 그럴까. 중요한 정보가 그에게 모이기 때문이다. 귀를 열어놓고 촉을 세워두면 사소한 일상에서도 유용한 정보를 찾 을 수 있다. 잡지, 인터넷, 영화 포스터, 신문 등 어디서나 보물 같은 정보를 찾을 수 있다. 한 걸음 더 나아가 경청은 인맥을 넓혀준다.

대적하기 꺼려지는 상대를 '듣는 힘'으로 이겨보자. 약속을 잘 지키지 않는 사람, 대화가 잘 되지 않는 사람, 우유부단한 사람, 계산적인 사람, 자신의 말만 주구장창 떠드는 사람, 말 한마디도 정떨어지게 하는 사람, 만남 자체가 꺼려지는 사람들이 당신 주변에는 항상 있다. 그런데 이들이 당신의 인간관계를 성장시켜주는 주역들이다. 원수는 외나무다리에서 만난다고 했던가. 이처럼 부담스러운 상대를 선택의 여지없이 꼭 만나야 할 때가 있다. 방법은 단 한 가지만이라도 좋으니 그들의 장점을 찾는 것!

대화가 잘되지 않는 부류의 사람들은 당신의 말하기, 듣기 능력을 가늠하는 척도가 되어준다. 우유부단한 사람은 여유가 있다. 계산적인 사람은 빈틈이 없고 꼼꼼하다. 주구장창 자신의 말만 하는 사람은 지식이 풍부하고 만능 재주꾼일 수 있다. 말 한마디도 정떨어지게 하는 사람은 카리스마가 있을 수 있다. 만남 자체가 꺼려지는 사람은 당신의 성격을 거울처럼 비춰준다.

대하기 만만치 않은 상대를 만나 소통할 수 있다면 당신은 관계에서 압도적으로 승리할 가능성을 높일 수 있다. 테니스 경기에서도 늘 실력이 비슷한 사람과 경기하는 것보다 한 수 위의 상대와 대결을 벌이고 나면 실력이 한 단계 업그레이드된 자신을 발견하는 것처럼 말이다. 물론 도저히 내키지 않는 사람도 있게 마련이다. 그러나 듣기를 통하여 상대의 장점을 찾아낸다면 부담스러운 대상을 압도적으로 줄일 수 있다.

듣는 사람이 승리하는 것은 기업에서도 마찬가지다. 윤리경영이라는 것이 있다. 기업 및 구성원이 경제적·법적 책임은 물론 사회적 통념으로 기대되는 윤리적 책임을 다함으로써 고객, 주주, 임직원, 경쟁자, 공급자, 정부, 지역사회 등 이해관계자들에게 신뢰를 얻을 수 있도록 바른 경영을 하는 것이다. 이는 기업의 잘못된 관행이나 비용 구조를 윤리적 기준에 맞도록 바로잡아 기업의 경쟁력을 향상시키고, 경제적 부가가치를 극대화함으로써 '지속 가능한 경영'을 달성하기 위해 도입되었다. 공정, 책임, 신뢰, 정직, 절제, 배려 등의 말들로 고객의 소리에 귀를 기울이며 투명하게 '사회적 책임'을 다하는 기업은 승리한다.

고객의 소리에 귀를 기울여 승리하는 윤리경영 사례는 다음과 같다.

존슨앤드존슨은 1982년 시카고에서 타이레놀 복용자 7명이 사망하는 사건이 발생했을 때 그 지역의 제품만 수거하라는 미국식품의약국(FDA) 권고를 뛰어넘어 전국에서 약 3천만 병, 1억 달러어치의 타이레놀을 전량 회수하였다. 타이레놀의 시장점유율은 7퍼센트까지 떨어지고 한때 컨설팅 회사로부터 브랜드를 포기할 것까지 권유받았다. 그러나 존슨앤드존슨의 태도에 대한 소비자들의 신뢰 제고로 결국 3년 만에 제자리를 회복하였다.

유한킴벌리는 1995년부터 기밀 판공비를 철폐하여 영업 직원들이 관행처럼 주고받던 리베이트, 거래처 담당자에 대한 술과 골프 접대 등을 금지했다. 일시적으로 영업에 큰 타격이 있었지만 직원들의 진의에 귀를 기울임으로써 환경과 윤리경영을 지속적으로 진행하여 2004년부터 7년 연속 '가장 존경받는 기업'에 선정되었다.

소니 창업자 중 한 사람인 모리타 아키오는 다수의 업적을 남기고 1999년 세상을 떠났다. 현재 소니의 최고 고문인 이데 노부유키는 모리타 아키오에게서 받은 가르침을 이렇게 꼽았다.

- 긍정적으로 즐길 것!
- 성별이나 연령과 입장 등에 관계없이 항상 대등하게 이야기할 것!

소니는 '항상 대등하게 이야기하는 것'을 적용한 제품 워크맨을 출시하여 휴대음악 기기의 대명사로 세웠다. '걸으면서 음악들 듣고 싶다'는 한 사원의 생각을 대등하게 받아들인 결과였다. 회장의 '듣는 힘' 덕분에 소니는 대기업으로 성장할 수 있었다. 말을 잘하는 사람보다 듣는 사람들이 이기는 증거다.

"세상에 믿을 사람 하나 없다"고 입버릇처럼 말하는 친구가 있다. 그는 "마음을 터놓고 나눌 사람이 없다"고 한다. 이유를 보면 그는 항상 말하기를 좋아하고 상대의 말에는 귀를 닫는다. 따라서 제멋대로 말을 시작하고 끝내버린다. 그런 친구들은 항상 외롭다. 그에게는 가족도 있고 직장 동료도 있으니, 일견 남부러울 게 없어 보인다. 그러나 가만히 들여다보면 관계들이 대부분 겉돈다는 사실을 발견할 수 있다. 아내의 생일이나 부모의 생일 때도 기쁨보다는 부담의 기색을 비친다.

"그래야 일 년 버티지 어쩌겠어? 시간 낼 수밖에! 귀찮기는 하지만 할 수 없잖아?"

가족 간의 대화가 없음은 물론이다.

외롭다고 고민하는 사람들은 자존감이 낮아 나는 어디 한군데 있을 곳이 없다고 말한다. 그러나 자신이 있을 곳은 자신이 만들어야 한다. 내가 있을 곳은 내가 방을 마련해야 하는 것이다.

공격은 방어보다 3배 이상의 힘이 필요하다. 테니스 경기에서 승리자는 결정적 타구인 '위닝샷'을 잘하는 선수가 아니라 수비 실수를 줄이는 선수다. 세계의 상위 랭커들은 실력이 대동소이하기에 대개 한 포인트 차이로 승부가 갈린다. 팽팽한 실력 탓에 위닝샷으로 상대를 제압하기는 쉽지 않다. 컨디션이 좋아 위닝샷으로 한두 포인트를 따낼 수는 있지만 완전한 승리를 위해서는 체력과 정신력 그리고 당일 컨디션 등이 모두 중요하다. 이런 모든 여건을 모아둔 것이 수비력이다. 위닝샷을 위해 온몸의 힘을 실어 공략하면 체력 소모가 크다. 말하는 사람이 지치는 원리다. 반면, 수비를 잘하는 사람은 상대에게 부담을 주어 무리한 공격을 유발한다. 상대의 구질을 파악하고 상대가 무리한 공격을 하면 가만히 기다렸다가 상대의 빈 곳을 공략하면 된다. '모든 승리의 빌미'를 무리한 공격을 시도하는 상대가 제공하기 때문이다. 수비 쪽에는 자연스럽게 공격의 기회를 잡을 수 있다. 기다리면 자연스럽게 상대의 약점을 공략할 수 있는 것이다.

같은 맥락이다. 말 잘하는 사람보다 잘 듣는 사람이 이긴다. 듣는 사람은 상대를 그대로 파악할 기회를 얻는 것이기에 힘들이지 않고 설득할 수 있다. 그러나 말을 많이 하는 사람은 상대가 보기에도 불안해 보이고 쉽게 지친다.

말 잘하는 사람보다 잘 듣는 사람이 되자. 결정적인 승리는 수비에서 실수가 없는 사람의 몫이다.

말주변 없는 사람을 위한 전략적 대화법

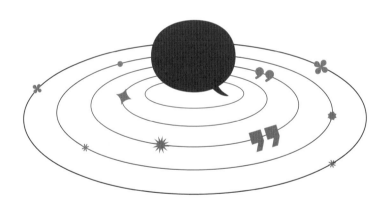

질문이
답이다

소그룹 과제를 수행할 때나 협의회 혹은 단체의 일을 진행하다 보면 다른 이에게 말할 시간을 주지 않는 사람이 있다. 어쩜 그렇게 말을 잘하는지, 말에 발동기라도 달았는지 도대체 끼어들 틈 없이 말하는 사람이다. 이런 사람들은 숙달된 조교처럼 오랫동안 연습해왔기에 말이 느리거나 생각이 많은 이의 심기를 건드리기 십상이다. 그렇게 거슬리는 상황이 극에 달하면 감정이 폭발하고 거침없는 인신공격으로 이어진다. 십중팔구 대화는 파국이다. 이런 식으로 말이다.

"거, 나도 말 좀 합시다. 다 좋은 말 같은데 다른 사람 의견도 들어봐야 하는 거 아니야? 저만 주둥이가 있나? 아님 주둥이만 살아 있나?" 하고 쏘아붙이면 "그럼 자료를 준비해 오든가, 아이디어를 내든가, 시간이든 돈이든 발품이든 팔아 일손을 덜든가. 뭐 하나 하는 거 없이 숨어 자기 할 일 다 하고, 일 좀 진행된다 싶으면 투정이나 하고!"라고 맞받아치며 난타전이 벌어진다.

이런 사태를 막는 결정적인 무기는 질문, 그중에서도 '열린 질문'이다. 같은 상황에서 "저 말씀 중 죄송한데 한 가지 질문을 해도 될까요?", "저 궁금해서 그러는데 한 가지만 질문할게요" 정도로 말문을 텄다면 어땠을까. 말 잘하는 부지런한 능력자는 이런 용기가 있는 사람을 매우 선호한다. 자기 자신과 어깨를 견줄 만큼 용기 있는 사람이라는 믿음이 있기 때문이다. 이런 질문을 통해 대화를 잇다 보면 난제를 하나씩 풀어가며 좋은 성과를 이끌어낼 수 있다. 이 부분을 방증하는 예시를 들어보면 다음과 같다. 참고로 이 예시는 실화다. 아니 현실이다.

한번은 은퇴를 앞둔 선배가 고혈압에 시달린다는 소식을 듣고 경혈을 자극해준 적이 있다. 대추혈을 중심으로 화타 침법으로 장침을 활용해 만날 때마다 꾸준히 시술해주었다. 물론 모든 척추에 자침하는 일명 '장극침법'과 '무극보양뜸 침'을 병행하기는 했다. 선배는 다섯 번의 시술로 몰라보게 좋아졌다.

"김 선생, 어디서 이런 기술을 배웠나?"

"침구사 자격 과정을 이수하면 침구사 자격을 취득할 수 있어요."

"어? 침구사가 자격이 있어? 그거 불법 아닌가?"

30년이 넘는 공직생활을 한 선배이긴 했지만, 이 질문은 대한민국 국민 대다수가 하는 것이다. 여기서 문제를 해결하는 최선의 방법이 질문이다.

'대한민국에는 합법적인 자격을 가진 침구사가 있는가?'

당신도 함께해보길 바란다. '대한민국 국민 대부분(적어도 99% 이상)이 궁금해하지만, 누구도 쉽게 답을 하지 못한' 이 질문에 대한 답을 하는 과정을 보면 대화에서 질문이 얼마나 중요한지 알 수 있다.

Q1. 대한민국에 침구사의 길이 있나요?

네, 의료법 81조(의료유사업자) 1항, 2항, 3항에 해당하는 의료유사업자인 '침구사'가 침 시술 행위를 할 수 있습니다. 누구나 침구사 자격증이 있으면 침구 시술 행위를 할 수 있습니다.

Q2. 대한민국에 침구사 자격증을 부여하는 공인된 단체나 기관은 어디인가요?

동양의학 표준과학원입니다. 법이 명시되어 있음에도 정부 해당 부서에서는 자격시험을 시행하지 않을 뿐만 아니라 고군분투하여 자격을 부여하는 단체의 분투를 오히려 폄훼하고 훼손하고 있는 현실에서 '국민건강복지 증진을 위한 21세기의 독립운동'을 위해 노력한 사람들이 일구어낸 성과입니다.

자격기본법 19조(민간자격의 공인) 제3항에 ③민간자격의 공인기준 절차 등에 관하여 필요한 사항은 대통령령으로 정한다(자격기본법 시행령 제24조(민간자격의 공인기준), 같은 법 부칙(법률 제8390호, 개정2007.4.27) 제2항(민간자격의 공인에 관한 경과조치)은 (이 법 시행 당시 종전의 규정에 따라 민간자격의 공인을 받은 자는 이 법에 따라 민간자격의 공인을 받은 것으로 본다)고 규정하고 있음(종전의 규정에 따라 민간자격을 받은 단체는 동양의학 표준과학원, 2004.3.25 KSQ ISO 9001:2015/ISO9001:2015)

Q3. 대한민국에서 '민간자격의 신설 및 등록'으로 침구사 자격증을 부여하는 단체나 기관은 어디인가요?

법은 존재하지만 새로운 법을 신설하거나 개정하지 않으면 대한민국에는 존재하지 않습니다. 이 법 시행 전의 경과규정으로 공인된 민간자격을 부여하는 단체는 동양의학 표준과학원이 유일합니다.

Q4. 자격기본법에 근거하여 우리나라에 의료 및 의료유사 분야로 등록된 단체는 있나요?

보건복지부를 포함하여 어느 부서에 질의한들 단 한 곳도 없습니다. 침구 관련 "민간자격을 신설 및 등록"에 관한 법(자격기본법 17조)은 의료 분야(의료유사 분야 포함)에서는 방해만 될 뿐 요건을 갖추어도 기득권 세력의 법에 대한 무지와 무관심으로 거절하기 때문입니다. 민간자격의 공인(2007.4.27)에 합당한 단체(동양의약 표준과학원)의 부활을 막기 위하여 자격기본법 17조 2항과 3항의 개정을 통해 민간자격의 "등록"이라는 말로 바꿔 개정(2013.4.5)하여 자기 올가미에 걸리고 말았습니다(17조 2항, 국민의 생명, 건강, 안전 및 국방에 직결되는 분야는 민간자격을 신설 관리 운영할 수 없다). 이것으로 대한민국에 민간자격으로 의료 분야 및 의료유사 분야(침구, 안마, 접골 등)에서 등록된 민간자격은 없다고 보면 됩니다. 등록은 원천 봉쇄되었습니다. 결국 법 시행 당시 공인된 단체가 유일하다는 결론이 나옵니다. 등록 안에 가려진 공인을 주목하면 됩니다.

제17조(민간자격의 신설 및 등록 등)[근거 경과규정 2013.4.5.(동법 부칙 법률 제11722호)] 제3항은 ③제1항에 따른 민간자격의 관리 운영에 필요한 사항은 대통령령으로 정한다, 규정하고 같은 법 부칙(법률 제11722호, 개정 2013.4.5) 제3조(민간자격 등록에 관한 경과조치)는 이 법 시행 당시 종전의 규정에 따라 교육부 장관이 지정하는 관계 전문기관 또는 단체에 민간자격을 등록한 자는 제17조

제2항의 개정 규정에 따라 주무부 장관에게 등록한 것으로 본다, 규정하고 있다.

[결론] 민간자격 공인된 단체는 단 1곳, 민간자격등록은 원천 봉쇄됨.

대한민국은 의료강국이며 침의 원조국임에도 어찌 된 일인지 침의 자격 과정에 대해서만큼은 유난히 민감하다. 50여 년의 수난의 역사 속에 매몰된 우리 동네 침구사는 핍박받는 우리 백성의 모습과 같다.

우리는 성장하기 위해서 대화한다. 그러나 이 대화는 깊은 경청과 상대방에 대한 이해를 바탕으로 할 때 가능하다. 공감, 이해, 경청이 바탕이 되지 않은 상태에서 대화의 물꼬는 질문으로 시작할 수 있다. 당신이 일방적으로 자기주장에 지쳐 있다면 이렇게 질문할 수 있겠다.

"저 좋은 말씀 잘 듣고 있습니다. 죄송하지만 한 가지 질문해도 될까요?"

이 용기가 있는 질문 한마디가 소통의 시작점이자 문제해결의 열쇠다.

예컨대 침구사에 대한 궁금증은 이러한 질문에 대한 답으로 모든 것을 해결할 수 있다.

Q1. 침구사 자격증이 있나요?

네.

Q2. 침구사는 어떻게 환자를 돕나요?

환자의 경혈에 침과 뜸을 통해 자극함으로써 수승화강을 통해 기순환을 원활하게 돕습니다.

Q3. 법적인 근거는 있나요?

네, 의료법 81조와 자격기본법 제19조에 명시되어 있습니다. 단언컨대 이 요건에 충족된다면 누구나 침구사로 개업할 수 있습니다.

결국 질문이 답이다.

관심과 반응이
대화의 성공 요건이다

소크라테스는 말했다.

"말하는 것을 보면 그 사람을 알 수 있다."

대화를 할 때 상대의 낌새도 잘 살펴야 한다. 사실, 상대의 낌새는 금세 알 수 있다. 상대의 촉촉한 눈이 당신을 삼킬 듯 바라보며 귀 기울여 듣고 있다면 좋은 낌새다. 이때가 당신의 뜻이 제대로 먹힐 좋은 순간이다. 연인 앞이라면 주머니에서 반지를 꺼내도 좋다. 비즈니스 상대 앞이라면 계약 조건을 밀어붙여도 좋다. 내담자 앞이라면 그의 감정을 어루만지며 문제 해결을 위한 회심의 일타를 날려도 좋다.

지금도 잊히지 않는 경험이 있다. 지난 일이지만 지금 생각해도 끔찍하게 서운한 기분이 든다. 철석같이 믿었던 한 사람이 치밀하게 사기를 쳤다. 그동안 교감한 감정의 시간들 때문에 충격은 더 컸다. "사람은 믿을 게 못 돼! 사람을 너무 신뢰하는 인간은 항상 사기꾼의 가장 좋은 먹잇감이지" 하는 친구의 말에 더는 반박하지 못할 아픈 사건이었다.

"내가 김 형한테는 다른 건 몰라도 돈 얘기는 안 하려고 했는데 이렇게 되네."

"뭔데요?"

"아니야. 없던 걸로 하지 뭐. 내가 지금 무슨 소리를 하는 거야?"

그는 그렇게 나의 측은지심을 슬슬 자극했다. 그러고는 결국 낮은 자세로 1천만 원을 빌려 갔다. 하지만 갚을 때는 자투리로 애간장을 태우며 갚더니 끝내 200만 원을 떼먹고 자취를 감추었다. 그와 대화할 때 관심을 가지고 그의 낌새를 한 가지만 알아차렸어도 상처받는 일은 일어나지 않았을 것이다. 지금 되짚어보니 그는 눈, 발, 손, 입, 표정을 교묘히 숨기면서 나를 농락했다. 물론 그를 통해 살아가는 데 소중한 교훈을 얻었지만 말이다.

'상대의 낌새를 알아차려라!'

"형밖에 부탁할 곳이 없어서 전화했어요. 내가 아토피 치료를 위해 이백만 원이 필요한데 어떻게 좀 안 되겠어요? 내가 정말 형한테만은 부탁 안 하려고 했는데 정말 미안합니다."

아끼는 후배였기에 나는 서슴없이 돈을 내어주었다. 그때 한 차원 높은 촉이 필요했다. 눈, 발, 손, 입, 표정을 볼 수 없는 상황이었으니 소리에서 그의 감정을 읽었어야 했다. 후배는 그 후 지금까지 소식이 없다. 후배에게 관심을 가지고 반응했더라면 후배도 잃고 돈도 잃는 실수는 범하지 않았을 것이다.

관심과 반응을 위해서는 단순한 반영으로부터 시작하여 점차 수준을 높여 반영적 경청으로 이어져야 상대의 호감을 살 수 있다. 상대가 말한 내용을 통합함으로써 상대를 돕는 반영적 경청은 상대로 하여금 저항하고 싶은 마음을 줄여주고 상대가 계속 이야기하도록 돕는다. 또한 상대에게 존중한다는 느낌을 전달하고 상대가 한 말의 의미를 명확하게 해준다. 이 반영적 경청의 단계에 가기 위해서는 우선 시작 단계부터 말을 줄이고 상대의 입장에서 상대의 관심사에 초점을 두어야 한다.

시작은 외적인 부분에 대한 부드러운 칭찬으로 하자. "머플러 색이 참 잘 어울리세요", "눈이 참 예쁘세요" 하는 식이다. 그런 다음 내용으로 들어가기 위해서는 상대의 의견이나 능력을 인정해주는 말로 시작하면 된다. "좋은 의견을 듣고 싶습니다. 선생님의 견해를 여쭈어도 될지요?" 하는 식으로 상대의 말을 들을 준비가 충분히 되어 있음을 표현한다. 이때부터 상대는 갑의 입장에서 마음껏 자신의 의견을 말하려 근질근질해진다. 이때 방심하여 상대가 자신의 마음속을 꺼내 표현하기 시작했다는 낌새를 알아차리지 못하면 다 된 밥에 재 뿌리는 격이 되어버린다.

상대의 낌새를 알아차리는 게 가장 중요하다. "제가 무슨 능력이 있나요?" 하며 쑥스럽게 미소한다면 상대가 시작할 준비가 되었다는 신호이다. 이제 모든 안테나를 세워 상대의 말에 리듬을 탈 준비를 해야 한다. "아! 그러셨군요. 대단하세요. 어쩜 그렇게 여유가 있으세요.

궁금한 게 있는데요. 괜찮으시다면 몇 가지 더" 하는 식으로 맞장구의 리듬을 타며 상대의 말을 경청하고 있음을 보여줘야 한다. 단, 진심으로 해야 한다. 당신 앞에서 지금 이 순간 말하고 있는 상대는 당신 인생에서 가장 중요한 사람임을 기억하자. 어쩌면 그는 당신 인생에 '단 한 번의 만남'을 선사해주는 사람일지도 모른다.

관심과 반영은 정말로 중요하다. 만남을 통해 상대의 말속을 파악하고, 상대가 말한 여러 복잡한 의미를 적절히 반영하고, 다양한 가정과 가능성을 조율할 수 있다면 성공적인 대화라 할 수 있다. 이러한 대화는 성공적인 인맥으로 이어진다.

말주변이 없어 고민하던 시절, 충청도에서 중학교를 마치고 경상도에 있는 고등학교에 입학하게 되었다. 예비소집 때 아이들이 하나둘 몰려들어 내 보라색 명찰이 마름모꼴인 것부터 궁금해했다.

"니, 어서 왔노?"

내가 대답이 귀찮아서 맥락 없이 대답했다.

"그려, 맞어."

이로써 나는 아이들에게 큰 웃음거리를 제공하고 말았다. 경상도 아이들에게는 "그려, 맞어"가 매우 낯설고 재미있었을 것이다. 가뜩이나 말이 없던 나는 말을 시작하는 방법부터 사투리까지 얽혀 고민이 이만저만이 아니었다. 말을 건네기가 두려웠다. 충청도 말의 "했냐?", "기지?", "그러냐?" 하는 말투는 억센 경상도 억양 속에서 어울리기가 쉽지 않았다. 그러나 선생님들의 관심과 반응으로 나는 조금씩 나아질 수 있었다. 글을 잘 짓고 차분하고 심부름 잘하는 아이는 경상도 선생님들 눈에 보기 좋았던 모양이다. 국어 선생님은 내게 책 읽기를 자주 시키고, 읽고 나면 이렇게 말씀하시곤 했다.

"이 학생 읽는 거 한번 봐라. 이래 읽어야 되는 기라. 고마 고삐 풀 린 망아지 맹구로 억세게 읽지 말고 이 자슥들아!"

시를 읽었을 때는 이렇게 칭찬해주셨다.

"와! 시의 감정을 잘 살리주네! 마, 잘 읽었다."

선생님의 관심과 반응은 낯선 환경에서 적응하는 데 큰 힘이 되었 다. 선생님들의 관심과 칭찬 덕분에 나는 자신감을 가지고 친구들을 만날 수 있었다.

관심과 반응은 대화의 성공 요건이며 관계의 물꼬이다. 대화를 할 때 파도타기를 하듯 상대의 말에 리듬을 타며 반영적 경청으로 공감 을 표현하자. 내 생각의 늪에 빠져 '믿었던 사람들로부터 당한 수모' 는 이제 끝내자. 먼저 상대의 말에 관심과 반응을 보이며 신나게 춤추 자. 평소 상대의 말에 '관심과 반응'을 키우는 촉을 갈아두자. 말주변 하나로 당신의 돈을 노리는 사기꾼들을 알아채자.

말주변이 없어 고민이라면 우선 상대의 관심과 반응의 낌새를 한 순간 알아채는 촉부터 키우자.

말하는 목적을
항상 기억하라

"그동안 잘 지냈지?"

"예."

"아, 그래 얼마나 수고가 많으셔?"

"선배님은 어떠세요, 좀. 홀가분하시죠?"

"응, 좋지. 좋은데 것도 석 달뿐이더라. 원 없이 여행을 하고 싶어 캠핑카를 사 무작정 떠났지. 평생 꿈이었거든. 처음에는 좋더라고. 훨훨 날아가는 기분이었지. 그런데 그것도 한 달이 지나니까 내가 뭐하고 있나 싶더라고. 차를 세울 곳도 마땅찮고 지도를 보자니 노안이 와서 방향도 모르겠고. 무엇보다 목적이 없으니까 금방 싫증이 나더라. 여행하다 집안의 중요한 행사를 놓쳐서 친척들한테 욕먹고…. 게다가 무작정 떠나서 날짜가 어떻게 가는지도 모르겠더라구. 이게 내 평생 꿈이었나 싶더라."

그의 말을 요약하면, 캠핑카 여행, 낮잠, 은퇴자 모임, 재취업설명회, 재테크 교육, 사회적응 교육, 통나무집 만들기 프로그램 참여, 기약 없는 유럽 여행 등을 몽땅 체험하는 데 3개월을 소비했고 그렇게 바닥이 났다는 얘기다. 그의 말 속에서 목적이나 사명 같은 것은 찾아볼 수 없었다. 이를테면 간절한 것, 기대되는 것이 없었다는 말이다.

"사람이 돈으로만 사는 게 아니더라."

그의 넋두리를 듣다 보니 순간 짜증이 일었다. 현직에 있을 때 관계를 나누던 사이면 추억담이라도 나눌 텐데 그는 현직에서도 좀처럼 관계를 해본 기억이 없는 사람이었다. 그는 계속해서 말을 늘어놓았다.

"하루는 말이야, 마누라가 이런 메모를 하고 집을 나갔더라고. '밥은 해서 냉동실에 얼려놨으니 먹을 때마다 렌지에 데워 먹고, 사골 봉지 두 개 꺼내놨으니까 냄비에 데워 먹고, 데울 때 봉지랑 같이 삶지 않게 조심하고. 밑반찬 먹고 나서 그냥 두지 말고 냉장고에 넣어둘 것. 오늘 동창 만나서 늦어요' 하고 말이야. 마누라 스케줄을 따라갈 수가 없는 거야. 이거야 원, 무슨 애완동물도 아니고…."

"저, 선배님! 지금 근무 중인데 은퇴 얘기는 다음에 듣고 싶네요."

나의 말에 그는 얼른 명함을 들이밀며 말했다.

"아, 다른 게 아니라 내가 이런 일을 하게 되었어. 여력이 되면 좀 도와줘."

명함에는 A 가구 회사의 홍보이사 직함이 찍혀 있었다. 결국 그는 가구나 책걸상 구입을 홍보할 목적으로 방문했던 것이다. 그때부터

'은퇴 후 애완동물'이라는 그의 표현이 내 머릿속을 계속 맴돌았다.

애완동물과 다르지 않은 노후생활은 선배의 말주변과 다르지 않다. 할 말을 기억하지 않고 두려움이나 불편함 때문에 목적을 에둘러 가다가 결국 삼천포로 빠지는 것이다. 아닌 게 아니라 현직에 있을 때 그의 모습도 지금과 다르지 않았다. 의도를 분명하게 전달하지 못하여 외톨이로 술잔을 기울이던 모습….

내 머릿속에 그런 모습이 떠오른 이유는 무엇일까? 그가 말하는 목적이 분명했다면 나는 선배가 원하는 것을 어떻게 수용할 것인가를 고민했어야 할 것이다.

목적이 분명하지 않은 만남은 이렇듯 상대의 호감을 얻을 수 없다. 처음부터 선배가 "내가 재취업을 했다. 제대로 된 상품을 좋은 서비스로 제공할 수 있다. 내가 책임을 지고 보증 서겠다"로 시작했다면 결과는 어떻게 되었을까?

목적을 잊은 채 말하는 사람들은 공통적으로 산만하다. 크고 작은 모임들에 다양하게 발을 담그고 늘 하는 말은 "바쁘다"이다. 그러나 그의 분주한 발걸음에 비해 그의 성과는 언제나 미미하다. 왜 그럴까? 그가 목적을 잃어버리고 방황하는 시간에 그의 목적은 잠들고 있기 때문이다.

어떤 만남이든 소중하지 않은 만남은 없다. 그러나 같은 만남일지라도 긍정의 결과 혹은 부정의 결과 여부는 언제나 목적을 얼마나 잘 기억하였느냐에 달려 있다. 말주변이 없어 고민하는 사람들은 말하는 목적을 기억하지 못하여 사람 만날 때 불안에 휩싸인다. 이 포인트를 기억하자. 말주변이 없는 것이 아니라 목적이 없다는 사실을 말이다.

20개 진술검사, 즉 문답 'TST(Twenty Statements Test)'라는 것이 있다. 테스트 방법은 '나는'으로 시작하는 20개의 문장을 아무런 제한 없이 만드는 것이다. 이 테스트를 통해 자기 자신을 얼마나 객관적으로 볼 수 있는지를 알 수 있다. 당신이 쓴 문장이 객관적 사실에서 주관적 사실로 바뀌는 부분이 몇 번째 문장에서 시작되는가가 당신의 객관성을 가늠한다. 이를테면 '나는 교사입니다', '나는 작가입니다' 등은 객관적 문장이다. 반면 '나는 우울하다', '나는 시간에 쫓긴다' 등은 주관적 문장이다. 내용이 네 번째 문장에서 주관적인 사람과 여섯 번째 문장에서 주관적인 사람이 있다면 네 번째 문장에서 주관적인 사람이 더 객관적으로 자기를 보는 사람이다. 이 테스트는 성별, 가족, 회사, 직업, 혈연 등의 소속관계 문장을 분석하여 의식 선호도를 확인할 수도 있고 콤플렉스를 발견할 수도 있다. 말하는 목적을 기억하여 만남의 초점을 확인하는 방법으로 사용하면 도움이 될 것이다.

물론 첫 만남부터 목적을 드러낸 채 말하는 사람에게 호감을 갖기는 쉽지 않다. 이런 방법보다는 "내가 말주변이 없어서" 하며 자신을 낮추어 말하는 게 차라리 호감을 얻을 수 있다. 그러나 문제는 주변에 사람들이 자신의 말을 듣고 싶어 하는지 않는지조차 파악하지 못하는 것이다. 곁가지 주제에 몰입하여 말하다가 목적을 잊어버리는 경우는 낭패를 보게 된다. 상대의 표정을 둘러보지 않고 자신에게 취해서 말하다 보면 사람이 떠나고 만남이 종료된다.

목적을 기억하는 하나의 방법으로 메모를 권한다. 수많은 정보의 홍수 시대에 자료를 모두 기억하기란 쉽지 않다. 항상 메모할 수 있는 도구를 갖고 다니자. 취재를 위해 수많은 자료를 메모하고 편집하여 기사로 전송하는 기자처럼 말이다.

말하는 목적을 분명히 하여 자신의 현재 상황과 말하는 목적의 불일치를 명확히 하자. 현재 말하는 것이 원하는 행동과 어떻게 다른지 관심을 갖자. 현재의 상황과 목적의 불일치는 당신의 현재 상황이 가족관계, 대인관계 등에서 부정적 결과를 초래하고 있음을 인식시켜 준다.

말주변이 없는 사람들은 말하는 목적을 잃어버리기 일쑤다. 그러니 중요한 상황에서 할 말이 없어 말이 뚝 끊어진다. 그것을 말주변 없는 사람들은 "나는 말주변이 없어" 하며 은근슬쩍 넘어간다. 그러나 그렇게 말하는 사람은 말주변이 없는 것이 아니라 말하는 목적을 잃었음이다.

말하는 목적이 중요하다. 내가 왜 이곳에서 이 사람과 대화하는지를 기억하자. 목적이 분명하면 선택과 행동이 분명해지고 급기야 호감을 부른다. 그래서 목적이 분명한 사람에게는 인기가 있다. 말주변이 없어 고민이라면 말하는 목적부터 챙기자.

편안한 주제를
정확하게 전달하라

고등학교 친구를 잃었다. 잘생기고 생활력 강한 친구였는데, 돈 문제 때문에 마음의 상처를 받고 서로 의가 상해버렸다. 어느 날, 그가 돌연 찾아와서는 급전이 필요하니 30만 원을 빌려달라고 했다. 그는 금방 갚는다고 말했다. 스스럼없던 친구였기에 믿고 빌려주었다. 편한 상대라는 생각 때문에 상환 날짜나 이자를 따지지 않고 편히 빌려준 게 화근이었다. 그 돈은 기숙사 비용으로 준비해둔 것이었다. 친구는 두 달이 지나도 소식이 없었다. 그렇다고 미리 말하기도 쑥스러워 마냥 기다렸다. 그러나 가난한 고학생의 시절이라서 내가 당한 불편함은 이만저만이 아니었다. 나는 다른 친구에게 아쉬운 소리를 하며 돈을 빌려 기숙사 비용을 조달하는 불편함을 겪었다. 친구에게 서운한 마음도 들고 못내 신경 쓰여 그를 찾아가 조심스럽게 물었다. 그랬더니 친구는 대뜸 노발대발했다.

"내가 오죽하면 그러겠냐? 네가 그럴 줄은 몰랐다. 그깟 돈 없는 셈 치면 안 되겠냐? 우리 사이에?"

나는 서운한 나머지 오기가 생겨버렸다.

"언제까지 갚을 거냐?"

친구는 그게 기간이 있었느냐며 오히려 화를 냈다. 시간이 흘러 다시 한 번 그 문제가 거론되자 그는 어이없이 오리발을 내밀었다.

"갚지 않았냐? 난 그렇게 알고 있다!"

나는 그렇게 친구도 잃고 돈도 잃었다. 편한 사이일수록 정확하게 말해야 하는 이유이다.

친한 사이라고 함부로 말하는 사람들이 참 많다. 참으로 교묘한 것은 그런 사이에 늘 가해자와 피해자가 있다는 점이다. 돈을 잃는 쪽과 먹는 쪽이 있다. 그런 관계는 어느 순간 인간관계를 한꺼번에 무너뜨린다.

그런 점에서 편안한 주제를 정확하게 전달해야 한다. 작은 방심이 불화의 불씨가 되기 때문이다. 인간관계에서 발생하는 논쟁이란 비생산적이고 불필요한 경우가 많다. 논쟁의 불씨는 편안한 관계라는 이유 때문에 애매하게 말한 데서 타오르기 시작한다.

편한 주제를 정확하게 전달하지 못하면 관계가 망가질 수 있다. 편안하고 부담 없는 내용일수록 정확하게 전달해야 한다. 대화에서 이를 실천하지 못하면 '그때는 그런 뜻이 아니었다'는 황당한 논쟁에 휘말려 사람 잃고 돈 잃는 이중고를 겪게 된다.

우리는 가까운 사람일수록, 편한 사람일수록, 쉬운 주제일수록 쉽게 넘어가려고 한다. 상대가 이해하겠거니 짐작하여 상대방의 상황이나 감정 등을 고려하지 않고 가볍게 말하는 바람에 낭패를 보는 것이다. "믿었던 네가 어쩌면 그럴 수 있느냐"며 채무를 말로 변제하려는 하이에나들에게 당하지 않으려면 상대의 마음과 생각을 정확히 읽고 부담이 되는 내용이라도 정확하게 전달하자.

편안한 주제를 정확하게 전달하면 겸손한 사람으로 보여 호감을 산다. 반면, 쉬운 주제를 어렵고 애매하게 전달하면 사람을 짜증나게 한다.

동요 작곡집《반달》을 쓴 윤극영 선생은 소문난 잉꼬부부였다. 부부간에 가장 좋았던 순간이 언제였느냐는 기자의 질문에 그는 이렇게 답했다.

"예끼, 이 사람아! 부부간에 가장 좋은 순간이 어디 있나? 매 순간 함께 숨 쉬는 공기처럼 사랑하는 거지."

백년해로하는 노부부들을 보면 하나같이 부부간에 경어를 쓴다. 가장 가까운 사이지만 결코 말 한마디 함부로 하지 않는다는 의미다.

이런 맥락이다. 편한 주제일수록 정확하게 전달하자. 청혼을 할 때, 처음 보험 상품을 거래할 때, "사랑한다. 책임진다"며 호의를 드러내지만 시간이 지나면서 이 편안함이 소홀해지고 함부로 말하는 관계로 변해버리는 경우가 있다. 사랑하는 사람을 잃지 않으려거든 초심을 잃지 말고 정확하게 표현하고 사소한 감사를 표현하자. 그리고 서로의 관계가 시큰둥하고 소홀해지기 전에 적극적으로 표현하자. 위기가 고조되기 전에 "여전히 사랑한다"는 고백의 결정타를 날려주자.

감정을 표현하는
다양한 단어를 사용하라

'긍정적 결과'에 대한 말을 들으면 여유로워져 타인이 자극해도 심리 상태를 잘 바꾸지 않는다는 연구 결과가 있다. 물건을 홍보할 때, 긍정적으로 듣는 사람은 물건에 호감을 가질지 몰라도 물건을 구입하지는 않고 현 상태를 유지한다는 것이다. 그러나 '부정적 결과'에 관해서는 왠지 불안해서 조급한 선택을 하게 된다는 것이다. 전문가 혹은 권위자가 나타나 부정적인 정서를 해소하는 방안을 제시하면 조급한 마음은 즉시 행동으로 옮긴다. 이를테면 '마지막 기회', '한 번뿐인 행운', '절호의 찬스' 등의 말들은 불안을 유발하여 섣부른 선택을 하게 만든다는 것이다. 이때 판매원이 "지금 당장, 행운은 이번한 번뿐, 지금 당장 잡으세요" 하며 불안감을 해소할 방법을 제시하면 '닥치고 구입'하게 된다. '마지막 한정판매 12세트, 더 이상의 거품은 없다'하는 식의 말들이 바로 '결과에 대한 부정적 예측' 때문에 사람들이 무리하게 물건을 구입하게 만드는 이유다. 이는 영업의 정석이자 대화의 정석이다.

　중소기업 신참으로 근무할 때의 일이다. 고급 가방을 세트로 파는 사람이 왔었다. 그는 사무실에 들어오자마자 사람들을 쓱 훑어보더니 다짜고짜 가방을 펴 들었다. 그의 말로는, 10개월 된 송아지 가죽으로 만든 명품 가방이란다. 촉감이 부드러웠다. 그는 가방이 모두 사전 주문으로 제작하는 명품 한정판이라고 했다. 모두 판매하고 때마침 공교롭게도 주문한 사람에게 사정이 생겨 세 개가 남았단다. 그나마 두 개는 팔리고 나머지 한 개가 남았다는 것이 요지다.

　일순 모여든 사람들은 조급해지기 시작했다. 그때부터 가방을 사면 악어 가죽 지갑에, 캥거루 가죽 장갑, 고급 손톱깎기 세트 등을 함께 준다는 말이 이어졌다. 사람들이 술렁댔다. 한 사람이 장갑을 집어 들며 "이거 하나만 해도 그 가격은 되겠네"라고 했다. 30만 원이면 당시 거의 한 달 치 월급이었다. 분위기가 무르익자 어느 순간부터 판매원은 유난히 어느 한 사람에게 핀잔을 주었다. 소문난 자린고비 오 팀장이었다. 판매원은 계속 덤으로 주는 제품을 쏟아내며 사람들에게 시선을 돌렸다. 그는 이렇게 너스레를 떨었다.

　"사장님 정도면 이런 거 두어 개는 갖고 계셔야 하는데…"

　"이 사장님은 인상에 이미 명품이라고 써 있으시고만!"

　"사장님은 이미 이런 거 있으시지? 척 보면 안다니까요."

　그런데 유독 오 팀장이 제품을 만져볼라치면 이렇게 말했다.

"에이, 사장님은 사지 마세요. 이런 거 아무나 사는 거 아닙니다. 최소한 저쪽 사장님 정도의 배포는 있어야 살 수 있죠. 가방도 주인을 알아본다니까요."

오 팀장을 향한 직원들의 반응은 똑같았다.

"어머, 웬일이세요? 이런 명품에 관심을 다 두시고. 점심도 싸오시는 분이?"

그쯤 되자 오 팀장이 모두에게 들으라는 듯 버럭 소리쳤다.

"이 양반아! 뭐 만져보는 것도 안 돼? 당신이 나를 어떻게 알아?"

누가 가방을 샀을까? 오 팀장은 그 뒤로 별명이 '송아지 가죽'이 되었다. 부정적 결과에 대한 조급한 마음과 감정을 건드려 값비싼 가방을 순식간에 판매한 영업 사원은 그 후에도 다양한 주제를 넘나들며 직원들의 마음을 들었다 놓았다 했다. 그렇게 구매욕을 자극하며 원가도 안 된다는 가격으로 수십 켤레의 장갑을 판매하고 떠났다.

판매원이 처음에 사용한 방법은 당근 기법이었다. 즉, 긍정적 결과에 대한 말로 사람들을 안심시켰다. 최소한 사장님 정도는 되어야 살 수 있다는 믿음으로 주변을 안심시켰지만 정작 판매원이 노린 사람은 그들이 아닌 오 팀장 같은 사람이었다. 판매원이 오 팀장을 향해 사용한 기법은 채찍의 기법이다. 오 팀장은 "나를 뭘로 아느냐"고 호기를 부리며 가방을 받아들었다. 이성의 눈으로 보면 도저히 일어날 수 없는 상황이지만 우리는 일상에서 늘 이런 국면과 조우한다. 백화점의 바겐세일, 배추 장사꾼의 떨이 트럭 등등으로 조장되는 선착순의 행렬이 모두 그렇다. 집에서 가만히 듣고만 있어도 조급증이 난다. 물건이 곧 바닥나면 어쩌나 하는 조급증이 구매욕에 불을 당긴다.

이처럼 당근과 채찍을 적당히 사용하면 대화에서 소통의 달인이 될 수 있다. 긍정과 부정, 양과 음이 만나면 에너지가 발생하는 원리다. 사람들이 결혼을 결심한 결정적인 계기를 들여다보자. 상대의 외모, 직업, 재산, 말발, 능력, 몸매? 시작은 여러 경로였지만 결국은 '잔정'이다. 만남을 반복하다 보면 상대의 험한 꼴을 발견하게 된다. 화들짝 놀라게 하는 화장 안 한 얼굴, 술버릇, 말버릇 등 보지 못할 걸 숱하게 보게 된다. 그 경험이 쌓이다 보면 정이 들게 마련이고 정이 들다 보면 결혼을 결정할 때 '왠지 그래야 될 것 같아서', 혹은 '왠지 끌려서' 평생의 반려자로 결정해버린다. 결정적으로 "사랑해" 하는 감정 표현 한마디로 상대에게 안정감을 느끼게 하는 것이다.

막장 탄광에 일주일간 갇혀 있어도 "아빠, 사랑해"라는 딸의 말 한마디에 허기와 공포를 참아낸 아버지를 보라. 감정을 표현하는 말 한마디는 사람의 한계를 극복하게 하는 힘이 있다.

말주변이 없다면 지금부터 감정을 표현하는 다양한 단어를 사용해보자. 감정은 상대의 마음으로 가는 윤활유이자 통로이다. 상대의 감정과 함께 춤추며 다양한 표현으로 노래하자. 당신이 꿈꾸는 사람이 당신을 맞이할 것이다. 감정을 표현하는 다양한 언어가 점차로 당신에게 말주변을 만들어줄 것이다.

맞장구로
상대를 신나게 만들어라

"벽창호예요. 벽 치기 하는 게 차라리 낫죠. 저 사람은 절대, 절대, 절대 안 변해요. 하지만 어쩌겠어요? 죽지 못해 사는 거죠. 술만 마셨다 하면 완전 지킬 박사와 하이드 짝이죠. 하루하루가 지옥 같아요. 상담도 수없이 다니고, 정신병원에도 다녀봤어요. 알코올센터에서 회복 과정을 밟고 있지만 도대체 남편은 변할 기미가 보이지 않아요. 답답해 죽겠어요."

상담 중인 K씨의 이야기다. 상담을 하다 보면 종종 있는 일이다. 이런 내담자를 만났을 경우, 대부분의 초보 상담사는 내담자의 변화하지 않는 이유에 대하여 탐색하다가 결국 이런 식으로 마무리하기 일쑤다.

"어쩌겠어요? 믿고 기다려주는 게 가족의 힘 아닐까요?"

정작 다루어야 할 문제는 그녀의 답답한 마음임을 놓친 것이다. 꾸지람을 할 때 맞장구를 쳐주는 남편, 속을 털어놓을 때 맞장구치는 상담사가 그녀에게는 가장 절실하다. 판소리에서 고수의 추임새 '좋고'와 '얼쑤'가 없다면 흥이 날까? 밋밋한 판소리는 생각만 해도 지루하다. 대화에서도 상대가 말을 하는데 멍하니 듣고만 있다면, 하물며 알수 없는 표정으로 이곳저곳 기웃대며 듣고 있다면 말하는 사람은 고수 없이 판소리를 하는 기분일 것이다.

대화에서 상대를 신나게 만들려면 맞장구가 꼭 필요하다. 이를 위해서는 다양한 표현과 적절한 타이밍이 전제되어야 한다. 예컨대 "그럼요", "옳으신 말씀", "기가 막히군요" 등등의 맞장구는 상대를 신나게 만들고 이로써 대화가 풍부해진다.

상담자 누구나 내담자가 변하기를 원한다. 그러나 사람이 쉽게 변하던가? 사람들이 달라지지 않는 이유는 마음을 움직이는 맞장구가 없기 때문이다. 변해야 하는 대상이 나와 상관없는 사람이라면 모른 척 넘겨버릴 수도 있겠다. 그러나 그 대상이 내담자에게 엄청난 존재감을 지니고 있다면? 사랑하는 아내, 남편, 가족, 생에 둘도 없는 사람이라면 변화는 필수가 된다.

K씨 부부와 비슷한 사례는 수없이 많다. 매일 함께 같은 공간에서 살아야 할 사람이 변하지 않는다면 그야말로 환장할 노릇이다.

EBS의 프로그램 〈달라졌어요〉를 보면 참 신기하다. 꽉 막힌 문제들이 변화 과정을 거쳐 화해와 협력, 이해와 존중의 모습으로 변해간다. 이를 보고 있자면 변화가 얼마나 어려운지, 얼마만큼의 노력이 필요한지 알 수 있다.

프로그램에서는 고민을 먼저 제보를 받는 것 같다. 여러 절차를 거쳐 도움 대상자를 선별할 것이다. 그 뒤 도움 전문가들이 투입된다. 4, 5회에 걸쳐 개인상담 전문가, 집단상담 전문가, 가족치료 전문가, 행위치료 전문가, 정신과 전문의, 놀이치료 전문가, 미술치료 전문가, 심지어 최면요법 전문가까지 가세하여 문제 장면을 진단하고, 집중적으로 탐색하여 돕는다. 비교적 단기간에 변화를 이끌어낼 수 있는 이유다.

한 사람, 하나의 문제를 돕기 위해 이만큼의 열정과 인력이 필요하다. 그들이 치료 후 계속적으로 변화를 유지할까 하는 문제는 논외로 하고서도 말이다. 그러나 수많은 문제를 가지고 있는 사람들이 그 프로그램을 본다고 하여 변화를 결단할까? 오히려 자신들의 모습을 거울에 비춰보는 것 같아 마음이 찔려 채널을 돌려버리지 않을까?

현실에서는 전문가 팀을 짜는 일부터가 벽에 부딪힌다. 어느 한 사람을 위해 팀을 꾸려 기다려주지 않을 뿐만 아니라 문제가 있는 사람들은 자신의 문제를 인식하지 못하고 있기 때문이다. 또한 여러 전문가를 접촉하고 대면하고 조직적으로 치료를 받는 과정에서 이미 지쳐버리고 말 것이다. 문제가 있어도 좀처럼 변화를 유도하기 어려운 이유다.

그러나 변화를 이끌 매우 효과적인 방법이 있다. 일단 사람이 사람을 변화시킬 수 없다는 사실을 받아들이는 데부터 시작하자. 내가 만난 내담자의 사례를 보자. 매일 야동을 봐야 잠자리에 들 수 있는 대학생이었다. 보통은 이렇게 접근한다.

"뭐, 그럴 수도 있지. 그 나이에는 누구나 겪는 통과의례 같은 거죠. 나도 그런 적은 있지만 지나가요. 그 문제가 왜 지금 당신한테 문제가 되죠?"

하지만 이런 식으로 두루뭉술하게 접근해서는 변화를 도울 수 없다. 노력에 비해서 소득이 없다. 어떻게 도울 수 있을까? 바로 맞장구다. 맞장구로 그의 저항과 함께하는 것이다.

"나는 야동을 매일 봐야 돼요" 했을 때 "그럴 수도 있지요"보다는 "야동이 당신한테 필요하네요"로 접근하는 것이다. "그런데 지나치죠" 하면 "필요하지만 지나치네요" 하고 맞장구를 쳐주는 것이다. "잠을 못 자니까요. 다음 날 계획이 엉망이 되죠. 대체 뭐하는 짓인지 한심하고 짜증나요" 하면 "잠을 못 자고 계획에 차질이 생겨 짜증이 나시고요"로 받아주고, "취업 시즌인데 과제도 많고 자격증도 준비해야 하는데 내가 뭐하고 있나, 생각도 들고 물어볼 사람도 없어요. 상담도 받아봤지만 다들 그러지 말라고 하고 다 지나간다고 그러죠" 했을 때, "답답하시겠네요" 하며 감정을 나누는 것이다.

맞장구란 이런 것이다. 변화의 첫 번째 관문에서는 상대의 말에 맞장구를 치자. 불편한 마음을 따라가며 간절한 그의 감정과 함께 구르자. 상대가 마음껏 말하도록 하자. 위의 사례처럼 상대는 맞장구 때문에 말을 점점 더 하게 된다.

술 마시는 남편이나 야동에 빠진 학생이 좀처럼 만날 수 없는 사람들이 있다. 바로 함께 맞장구를 쳐주는 사람이다. 물론 상담 장면에서는 맞장구를 통한 공감과 수용으로 시작한다. 그러나 5~10회의

한정된 회기 안에 마무리해야 하는데 상대와 무한정 맞장구를 쳐줄 수도 없다. "회기를 마감하고 이제부터는 알아서 하시는 것이…"가 종결이다.

그러나 약발은 오래가지 않는다. 공감에 의한 변화는 지속적인 변화 행동을 유지하기 어렵다. 다시 한 잔을 마셔야 하고 슬그머니 야동을 또 보기 시작한다. 그러나 맞장구로 충분히 놀아준다면 상대는 귀갓길에 발걸음을 멈추고 생각하게 된다.

'아닌 게 아니라 끊어야겠네.'

동기의 변화는, 놀아주며 상대의 변화동기와 제한 없이 맞장구를 쳐준 변화대화 때문이다. 상담으로 상대의 변화를 돕고 싶거나 대화법을 통해 인기 있는 걸작이 되어 영향력을 행사하고 싶다면, 맞장구로 함께 춤추며 놀아주자. 자녀교육의 최고봉은 아빠가 신나게 놀아주는 것이라는 말은 괜한 얘기가 아니다.

대화를 승부를 가르는 경기로 생각하는 사람들이 있다. 그러나 대화는 씨름이 아니라 댄스다. 씨름은 호시탐탐 상대의 허점을 노린다. 상대의 균형을 무너뜨려 바닥에 나뒹굴게 하는 경기이므로 상대가 안다리를 걸어오면 두 다리로 버티며 밀리지 않기 위해 안간힘을 쓴다. 때론 상대의 힘을 역이용하기도 하고 심지어 뒤집기로 상대를 단번에 무너뜨리려 한다. 이래서야 대화가 이뤄질 수 있겠는가? 상대의 손이 밀고 들어오면 부드럽게 받아들이고, 상대가 양보하면 슬쩍 들어가고, 스텝은 리드미컬하게 주고받고, 밝게 웃으며 눈을 마주치고, 서로 교감해야 진정한 대화가 이루어질 수 있다. 즉, 대화는 언어의

한판 춤이다.

말주변이 없어 고민이라면 상대와 맞장구를 쳐서 상대를 신나게 하자. 맞장구는 돈이 들지 않는다. 그렇게 마음이 상하는 일도 아니며 엄청난 에너지가 소모되는 것도 아니다. "그러니?", "그랬구나", "나는 미처 몰랐는데", "정말?", "이야! 대단한데" 하는 식으로 눈에 보이는 대로 마음을 담아 표현해주자. 씨름을 해서 진을 빼는 만남을 만들 것인가, 한바탕 신명 나는 춤판의 만남을 만들 것인가? 맞장구로 상대를 신나게 만들면 그만큼 말주변 또한 풍성해질 것이다.

절대로
부정어를 사용하지 마라

말주변 없는 사람이 먼저 고민해야 할 것은 부정적인 말버릇이다.

몇 해 전, 보고 싶다는 문자와 전화 극성으로 말미암아 30여 년 만에 동창회를 나갔다. 다들 얼굴이 꽤 변하여 이름도 얼굴도 가물가물했다. 특별히 기억나는 친구 하나가 내게 다가와서는 이렇게 윽박질렀다.

"넌 자식아, 왜 나한테 술 한 잔 안 주냐?"

구슬치기를 하다가 담임선생님한테 걸려서 교실 뒤에 나가 나란히 손들고 벌을 섰던, 윤일로라는 친구였다. 그때 일로 옆에 있던 친구 하나가 말했다.

"일로야, 애 영돈이 아냐? 나는 애가 벙어리인 줄 알았어. 나는 애가 울 학교 다녔다는 걸 졸업식 때 알았거든. 애 투명인간이었잖아.

물어봐라. 얘 아는 애 한 명이라도 있는지!"

그 친구는 낄낄댔다. 추억이 생각나 좋긴 했지만 부정적인 첫마디에는 기분이 썩 좋지 않았다.

그랬다. 나는 초등학교 때 말을 한 기억이 나지 않는다. 그러나 아무리 세월이 흘러도 부정적인 말은 금세 새록새록 기억이 난다. 그건 기억이라기보다는 상처다.

세상에는 두 가지 종류의 사람들이 있다. 긍정적으로 말하는 사람과 부정적으로 말하는 사람. 사람에 따라 상황에 따라 다를 수는 있지만 이 두 부류의 스타일은 부자와 빈자, 성공자와 실패자, 걸작과 걸레처럼 현저히 차이 나는 모습이다.

사람들은 첫 만남 4초 동안 가장 왕성한 집중력을 발휘한다고 한다. 늘 보는 사람도 처음 만나자마자 "살이 쪽 빠졌네요. 어디 아프세요?"로 시작하는 사람은 부정적인 사람이다. 딴에는 편하고 걱정해주는 말이라 생각하지만 이런 작은 첫마디가 습관이 된 사람은 호감을 얻기 어렵다.

"살 빠지셨네요. 운동하시나 봐요?"

어떤가? 같은 말이라도 기대하게 하는 말을 하면 듣는 사람의 상황에 상관없이 마음을 얻을 수 있다. 상대가 정말 몸이 아팠던 사람이라면 부정적인 말은 걱정을 배가시킬 것이고, 긍정적인 말은 건강한 몸을 회복해야지 하는 기대를 갖게 한다.

이참에 평소 습관이 된 말들이 부정적인지 긍정적인지 살펴보자. 당신이 누구나 함께하고 싶은 소위 인기인, 전공자, 걸작, 부자, 동기부여가, 오프너라면 이 말이 매우 반가울 것이다. 스스로를 확인하는 기회가 될 테니까. 그러나 실패자라고 생각된다면 이번 기회에 성공으로 가는 출발점을 잡자. 우선 당신이 부정적인 말들을 입에 달고 사는 사람이라면 생각해보자. 사람을 만났을 때 습관적으로 상대의 흉부터 얘기한다면 어떻겠는가?

"너는 만날 때마다 맛이 가는 거 같다. 와! 새치 좀 봐. 이제 너도 왔구나, 왔어."

"눈이 왜 그렇게 시뻘게요? 핏줄이 터졌나 보다."

"애가 또 학교에 불려갔다면서요? 걱정 많이 되시겠네요."

이런 말의 흉기를 당신이 휴대하고 다닌다면 끔찍하지 않겠는가? 지금이라도 부정의 흉기는 내버리자. 이제부터 긍정의 무기를 갖고 다녀보는 것이다.

한번 상상해보자. 당신에게 감당할 수 없는 업무와 업무 거부권이 주어졌다. 신상품 개발을 위한 계획보고서 작성이 그 업무다. 하루 이틀 밤을 새워서 될 일은 아니다. 이때 어떻게 하겠는가? 부정적인 사람들은 이렇게 조언할 것이다.

"당장 포기해, 그러다 죽을 수도 있어. 그런다고 사장이 되는 것도 아니잖아!"

그러나 그 업무가 당신 미래의 진로를 결정할 중요한 업무라면 그 말이 도움이 될까? 이미 당신은 포기하지 않는 방법에 대해서 극도로 고민하고 있을 터다. 이때 "할 수 있는 만큼 하세요. 세상에 도저히 안 되는 일은 없으니까요"라고 누군가가 말해준다면? 당신은 그 말을 듣고 거울 앞에서 한 번 더 되새기며 자신을 향해 "그래, 한번 해보자!"라고 선언하게 될 것이다. 그렇게 당신은 긍정의 생각으로 질주를 시작한다. 업무의 종류, 감당할 수 있는 시간, 당신의 체력, 능력도 실은 중요하지 않다. 이런 요인들보다 더 중요한 것은 당신의 동기, 의지, 깨달음이니까. 당신이 부정의 대명사였다면 징징거릴 시간에 이 사실부터 명심하기 바란다.

긍정의 생각으로 당신은 방향을 바꾸었다. 이제부터 필요한 것은 가속이다. 진행하면서 닥치는 부정적인 면을 긍정적으로 바꾸어보자. "어떻게 PPT를 다 만들어? 컴맹인데?" 하며 불평하는 동안에 "아 참, 나는 PPT 전문가가 아니라 신상품 개발 업무를 담당한 사람이지?"로 바꾸고 내용에 집중하며 PPT는 동료 선후배 중에서 재능 있

는 사람을 수소문하여 부탁하고 조언을 구한다. 당신이 푸념하는 사이, 일은 벌써 진행되고 있다.

그다음, 선 긍정 후 조치다. 가난뱅이, 실패자, 외톨이, 이기주의자들 중에서 인생역전을 이룬 사람들은 제법 많다. 그 이유를 들여다보면 그들이 부정적으로 하는 말들이 실은 부정적인 요인을 제거하기 위한 고군분투의 일환이라는 사실을 발견하게 된다. 결국 긍정을 향한 몸부림을 하며 성격 때문에 속으로 삭히면서 속에 쌓인 스트레스를 부정적인 말로 뿜어내는 것이다. 그러나 불행하게도 그들의 성과 뒤에는 수많은 사람이 마음의 상처를 받는다는 사실을 염두에 두어야 한다.

그러니 힘들게 상처를 주며 멀리 돌아가지 말자. 일단 상대가 듣기 좋은 말, 내가 듣기 원하는 말을 먼저 쓰자. 부정의 대가들이 쓰는 징징거림은 순서를 바꾸어 나중에 격려용, 보충용으로 쓰자. 한국 심리검사의 대가 김재환 교수는 논문을 쓰는 과정에서 수집해둔 데이터가 날아가 새로 작성해야 할 상황에 닥쳤을 때의 어려움을 이렇게 말했다.

"세상이 끝날 것 같은 암담함이 몰려 왔었지요. 기가 막혀 말로 표현할 수 없을 정도였어요. 그러나 미친 듯이 새로운 방법을 모색하고 그 속에서 매진하다 보니 땀의 양만큼은 문이 열리더군요."

이러한 과정이 부담스럽거나 자신이 없는 이들을 위해 '협동적 의사소통 스타일'을 한번 소개할까 한다. 동기면담 스타일이다. 상대의 행동이 좀처럼 이해할 수 없고 더 이상의 변화를 기대할 수도 없다고 생각된다면 이 면담 스타일을 권한다. 이미 알코올중독 분야를 포함하여 병원이나 법원 등 각종 임상에서 효과가 검증된 의사소통 스타일이다.

동기면담에는 포기가 없다. 사람은 누구나 어떤 상황에서도 '변화동기'가 있다는 믿음에서 출발하기 때문이다. 그래서 중독, 소통 불능, 가난, 죽음, 증오와 분노, 후회, 불편한 마음과 좀처럼 변치 않는 마음 등으로 고민하는 이들에게 도움이 된다. 오로지 '상대의 동기'에만 집중하며 '협동', '수용', '연민', '임파워먼트'의 정신만 가지고 사람을 대하기 때문이다. '긍정의 포문으로, 변화의 방향으로, 변화대화로 상대의 동기에 초점을 맞추라'는 동기면담이 다른 여타의 상담이나 이론 및 기법과도 차별화되는 것은 변화대화를 통해 상대의 동기를 유발하기 때문이다. 여기에는 상대에 대한 지극한 사랑이 전제된다.

내가 처음 여주에서 공무원생활을 시작할 때, 주머니에 3만 원이 있었다. 우리 가족에게 그래서 3만 원은 못이 박힌 말이 되었다. 보증금 50만 원에 월세 8만 원의 다세대 주택이었다. 우연히 동기의 옆방에 방을 얻게 되었다. 동기는 10명이 넘는 형제 중 막내로서 엄마의 사랑을 듬뿍 받는 이였다. 딸을 걱정하여 사골을 끓여주는 정성을 보면 알 수 있었다. 나는 그동안 꽃게잡이 선원, 기아자동차 하청업체 남양공업, 포장마차, 중소기업 창고 정리 용역, 컨테이너 공장, 돌침대 영업 등등을 전전했다. 그때 삼중당 문고가 유일한 내 친구였다.

이사하는 날, 물론 이삿짐이랄 것도 없었지만 돌침대를 옮기다가 현관에서 박살이 나고 말았다. 내 유일한 럭셔리 살림이었다. 나는 아쉬운 마음에 깨진 돌을 그대로 옮겨 붙이고 라면 박스를 얹고 이불을 한 겹 깔아 돌침대의 느낌을 유지했다. 그 위에서 장정일의 꿈처럼 무사하고 무탈하게 견딘 뒤 6시부터 삼중당 문고를 읽었다. 작가 장정일과 다른 점은 나는 책을 읽고 그는 책을 썼다는 것 정도였다.

내가 말하려는 요지는 이렇다. 나는 3만 원 중 2만 원을 집주인에게 건네며 말했다.

"부족한 월세 육만 원과 보증금 오십만 원은 월급 타서 갚을게요."

주인은 어이가 없었는지 피식 웃으며 말했다.

"집 앞이 직장이니 도망가지는 않겠지요? 대신 일요일에 교회에 가는 거예요."

20년 전의 일이다. 그때 내 마음속에는 "나는 할 수 있는 만큼 한다. 그러므로 내게 안 되는 것은 없다"라는 마음가짐이 자리를 잡았다. 그 긍정의 힘으로 나는 그곳에서 내 인생의 첫 버킷 리스트 열 개를 선언했다. 그때의 버킷 리스트가 오늘의 나를 만들어주었다.

말주변이 없다면 오늘부터 부정적인 생각과 말부터 없애자. 부정적인 말은 당신의 부족한 말주변을 더 볼품없게 만든다. 어떤 상황에서든 긍정적으로 생각하고 행동하자. 성공한 사람들은 부정적인 말이 없다. 부정적인 상황에서도 긍정적인 말을 하는 습관을 지니고 있기 때문이다. 남에 대해서 말할 때도 "그 사람은 어떠하다"고 판단하지 않는다. 사람들의 비난을 한 몸에 받는 사람들을 보고도 "어리석다, 혹은 인면수심이다, 쓰레기다"라고 비판하지 않는다. 어떻게 생각하느냐고 물어보아도 그는 빙그레 웃으며 말한다.

"제가 어떻게 알겠어요? 저도 부족한 게 많은데…."

그들의 말본새를 자세히 들여다보자. 그들은 희망을 붙잡는 말만 가지고 있다. 이제 부정을 내버리고 긍정의 말발을 세우자. 그 긍정의 말본새가 당신을 풍성한 행복의 길로 이끌어줄 것이다.

구체적으로
칭찬하라

말주변 때문에 고민하는 이들은 "무엇이 가장 힘들었나요?"라는 물음에 하나같이 이렇게 답한다.

"할 말이 없어요."

사실, 그들은 할 말이 없는 게 아니라 할 말을 하지 않는 것이다. 말주변이 없어 고민하고 있다면 우선 눈에 보이는 칭찬을 자연스럽게 해보자. 처음에는 시도해보려는 마음만 먹어도 속이 불편해지고 어디론가 자리를 떠버리고 싶을 것이다. 그러나 "과장님, 넥타이 멋집니다", "선배님, 오늘 헤어스타일 좋네요", "부장님의 살인 미소는 언제 봐도 기분 좋아요" 등 눈에 보이는 칭찬을 하다 보면 어느새 습관이 될 것이다. 물론, 습관은 하루아침에 이루어지지 않기 때문에 순서에 따라 자연스럽게 따라야 한다. 말주변이 없어 고민하는 사람들은 말 잘하는 이들을 우러러보다 보니 그들이 타고났다고 착각한다. 결론부터 말하면 말 잘하는 인물은 잘 듣고, 잘 보고, 그렇기에 칭찬을 구체적으로 잘한다.

어떻게 칭찬할 것인가를 고민하고 있다면 우선 **'따라 하기'**를 권한다. 이는 상대방의 호감을 얻는 데 아주 효과적이다. 한 번을 만났는데 '같은 과'라는 생각이 드는 사람들이 있다. 닮은 성향의 사람들은 금세 공감대를 형성하고 친밀해진다. 따라 하기의 목적은 친밀감의 배가, 여기에 있다.

'따라 하기'를 체화했다면 그다음은 **'상대의 이름 불러주기'**다. 이름을 불러주는 효과는 심리학적으로 입증된 바 있다. 이야기의 중간에 고유의 명칭을 넣어 상대의 호의를 이끄는 것이다. "김 주무", "김 대리", "어이, 자네" 하는 식보다 이름을 불러주는 것이다.

"정재경 씨 진짜 기획안 멋져요!"

"여명 씨 오늘 스타일 완전 폼나요!"

"정재민 씨 디자인은 언제나 참신해요."

어떤가? 상대는 고유명사로 마음 깊이 새겨지고 궁금증을 유발하게 된다. 물론 여기에도 주의 사항이 있다. 너무 자주 이름을 부르는 것은 잘 보이려고 애쓴다는 인상을 줄 수 있으므로 적절히 수위를 조절해야 한다. 처음 만난 상대의 이름을 너무 자주 부르면 인상이 안 좋아질 수도 있다는 말이다.

이름을 불러 칭찬하는 방법을 한 단계 더 구체화한 기술이 **'지금 여기'**이다. '저', '그'처럼 거리감이 있는 추상적인 말보다는 '지금 여기이 사람'을 선택하여 칭찬하면 효과가 배가된다. "다들 성공하게 될 것을 모두가 기대합니다"보다는 "모두 성공하실 것을 나는 믿습니다"가 가깝고 구체적이다. 무엇보다 '지금'에 포인트를 주어 칭찬하자. 눈앞에 사람을 두고 "지난번에 감사했습니다"라고 하면 고별사 같은 인상을 준다.

"늘 감사합니다."

이렇게 지금의 시점에서 표현하면 상대는 구체적인 칭찬을 피부로 느끼게 된다. 허공중에 보내는 막연한 메아리처럼 질문으로 "언제 만나야지?"가 아니라 "다음 달 둘째 주 주말에 만나자" 하는 식의 권유 형태를 취하면 상대와의 친밀감이 구체화된다. 또한 앞서 언급한 것처럼 설령 자신의 공이라 할지라도 "내가 이거 하느라 힘들었어요"보다는 "모두 수고 많았어요"로 유대감을 형성해두면 마음의 거리를 효과적으로 좁힐 수 있다.

'따라 하기'와 '상대의 이름 불러주기' 단계를 거쳐 '지금 여기'의 기술로 상대방을 당겨왔다면 이제 최종 '이삭줍기'를 하면 된다. 이는 칭찬의 최고 단계다. 처음에는 상대의 외모, 의상, 행동을 따라 하기로 칭찬했다면 이제는 상대의 마음을 움직이는 칭찬을 하자. 다른 사람이 미처 눈치채지 못한 그의 고충을 건드리는 것이다. 수납 업무를 맡은 직원을 예로 들어보자. 아무리 납부율이 높아도 당연히 업무니까 '잘하면 본전'이라는 인식이 사람들에게 깔려 있다. 그러니 그가 얼마나 힘들게 민원인을 상대하는지 간과하기 십상이다. 그럴 때 "수납률이 높아지는 건 모두 김 주무관 덕분이에요. 친절하게 통화하는 거 내가 알고 있어요" 하며 구체적으로 칭찬하면 그의 피로는 한순간에 물러갈 것이다.

칭찬에 좋은 효과가 있다는 사실을 누구나 안다. 그러나 적기에 구체적으로 그리고 모두가 간과한 일에 대하여 칭찬하는 이는 그리 많지 않다. 색다른 감동은 이런 지점에서 터진다.

추상적 칭찬이 아닌, 구체적 칭찬에 눈을 뜨자. 바야흐로 재(財)태크를 넘어 인(人)테크의 시대다. 말주변 없다고 고민하지 마라. 눈에 보이는 대로 칭찬하며 따라 하자. 말버릇처럼 칭찬하고 이름을 불러주자. 모두가 지나치는 사소한 부분을 놓치지 말고 구체적으로 칭찬하자. 사람들이 간과하는 부분을 칭찬으로 쓰다듬어주자. 그러면 상대는 감동으로 마음의 문을 열 것이다. 사람 부자가 되고 싶다면 지금부터 구체적으로 칭찬하자.

Ch.5

인생을 바꾸는 말의 기술

말하기에서 중요한 것은
속도가 아니라 방향이다

매사 '바쁘다'를 입에 달고 사는 사람이 있다. 만나자마자 "실은 오늘 약속이 있어서"로 포문을 연다. 이 말은 "그러니 당신도 곧 이 자리에서 일어나야 해"라는 일방적 통보나 다름없다. 당연히 상대마저 조급해진다. 상대방을 불편하게 만드는 이런 성향의 사람들은 자기 말의 속도를 살펴봐야 한다. 이는 인생 자체를 돌아봐야 하는 적신호이기도 하다. 자신의 생각에 사로잡혀 자기 말만 일방적으로 내뱉는 이를 좋아할 사람은 없으니까. 말하기에서 '빨리 전달하는 것'보다 중요한 것은 '어떻게 전달하느냐'이다.

동기면담을 수련하면서 한 가지 실험을 했다. 줄잡아 50여 명에게 다음과 같은 질문을 했다.

'당신 앞에 빈 잔이 있습니다. 당신 인생의 잔입니다. 잔은 얼마나 채워졌다고 생각하십니까? 숫자로 대답해주세요. 답변 방법은 자유입니다. 깊이 생각하지 않으셔도 상관없습니다. 정답이 있는 것은 아니니까요. 잔에 손으로 표시해도 좋습니다. 채워졌을 때 100, 빈 잔이면 0으로 답하면 됩니다.'

이 질문 실험을 통해 나는 재미있는 결과를 발견했다. 실험은 사람의 변화 가능성에 대한 방향을 제시해주었다. 나는 이를 '변화질문'으로 명명하여 활용하고 있다. 대답을 하는 데에서 사람들의 반응은 크게 세 가지다. 돈·명예·사회적 지위·인간관계 중 어떤 것을 기준으로 하여 대답할 것인지를 집요하게 묻는 사람, 묻는 즉시 대답하는 사람, 선문답하듯 대답하는 과정에서 나름대로 해석을 곁들이는 사람. 연령대와 상관없이 비슷한 수치를 내놓는 사람들 성품 또한 흡사하여 같은 그룹으로 묶어보니 인생의 변화단계 모델과 유사한 점을 발견했다. 나는 말주변으로 고민하는 사람을 만나면 이 질문을 통해 그의 변화동기를 유발하는 면담 기법을 활용한다. 당신 역시 질문에 답해보자.

당신 인생의 잔은 얼마나 채워졌다고 생각하십니까?
내 인생의 잔은 ○○○만큼 채워졌다고 생각합니다.

다음을 보고 당신도 한번 생각해보기 바란다.
한 남자가 있다. 나이 49세의 사업가로, 전 의원이기도 하다. 그의 말은 빠르고 민첩하다. 거침없이 말하며 질주해온 그는 자신의 이야기를 시작한다. 40년이 훌쩍 넘도록 앞만 보고 달려왔다. 돌아보니 인생에 즐거움이 없다.

당신도 그의 인생 패턴과 다르지 않다면, 말을 멈추고 잠시 자신을 돌아봐야 한다. 당신의 말은 어디를 향하고 있는가? 그 목적지는 어디인가? 당신의 말본새를 돌아보자. 말본새가 말하는 방향을 가늠하는 기준이 될 수 있기 때문이다. 말하는 목적은 무엇인가? 당신의 사명은 과연 무엇인가?

당신이 주로 하는 말들은 아마 이럴 것이다. "빨리 기획해", "빨리 의견 모아", "빨리 준비해", "빨리 결론부터 말해", "빨리 갔다 와", "빨리 성공시켜" 등등…. 지금 당신이 하는 거침없는 말들이 어떤 결과를 가져왔는지에 대하여 당신은 딱히 고민하지 않고 살아왔다. 속도에 집중한 나머지 당신이 하는 말의 방향을 돌아보지 못했다. 당신은 휴식 시간에도 쉬지 않고 말한다.

"계약의 성사 여부, 매출 실적 향상 방안, 문제 있는 건 빨리빨리 알려줘!"

서둘러 말하는 당신의 바짝 날선 표정은 정말 형편없다. 벌겋게 충혈된 눈이 당신의 스트레스를 대변해준다. 당신의 말은 유령처럼 당신을 닦달한다.

어느 날 말이 몸 한가운데로 다가와 몸의 균형을 흔든다. 이때 당신은 이렇게 말한다.

'이만하면 내 삶은 그런대로 괜찮지 않은가?'

그러나 당신은 괜찮지 않다. 당신은 그렇게 말하고 싶을 뿐이다. 말은 속도에 박차를 가한다. 당신은 인생에서 원하는 것이 있었지만 이미 늦었거나 상관없다고 생각한다. 그러다 많은 것을 잃었다. 그러나 당신은 무엇을 잃었는지조차 알아채지 못한다.

어느 날 당신은 세월의 흐름에 깜짝 놀란다.

'벌써 이렇게 되었나?'

한때 당신을 가슴 뛰게 했던 꿈은 속도에 압도되어 기억조차 가물가물하다. 원하는 것을 얻기 위해 당신은 스스로를 늘 불편하게 만들어왔다. 그럴수록 당신이 원하는 것은 점점 멀어져가는데 말이다.

누군가가 묻는다.

"왜 그렇게 서두르세요. 당신이 원하는 것은 무엇인가요?"

당신은 대답한다.

"원하는 것은 이것뿐이에요. 더 바랄 게 없는 인생!"

그러나 실은 그 대답이 불안의 원인이다. 당신은 원하는 것이 많다. 너무 많아 진정 원하는 것이 무엇인지 깨닫지 못하고 있을 뿐이다. 목표를 겨냥하여 분투하며 살아왔던 시간들이 '당신이 원하는 삶이 아닌, 다른 사람들이 원하는 삶'이었음을 당신은 알지 못한다. 왜 그럴까? 당신은 거침없는 말의 속도에 압도되어 살아왔기 때문이다.

당신은 이렇게 대답했을지도 모른다.

"내 인생의 잔은 대부분 채워졌고 아직 젊으니까 나머지 부분만 채우면 완벽하다."

요컨대 '더 바랄게 없다'는 말이다. 그렇다면 대답해보자.

첫째, 당신은 지금 가슴 떨리는 일을 하고 있는가?

둘째, 당신은 마음이 평온한가?

셋째, 당신이 사랑하는 사람들은 당신을 존경하는가?

40세가 넘었음에도 자신 있게 "예"라고 대답하지 못하였다면 당신은 지금 제대로 된 방에 들어선 것이다. 이 방을 출발하여 당신은 길고도 짧은 여행을 하게 될 것이다. 끝없이 방황하던 당신의 말을 멈추고, 돌아보고, 만나고, 깊은 성찰을 통해 지혜의 방으로 들어서는 긴 여행 말이다. 그리고 당신의 머리에서 심장이 있는 곳까지의 짧은 여행 말이다. 이 길고도 짧은 여행으로 당신은 일생을 꿈꾸던 당신의 '진짜'와 만날 수 있을 것이다.

말하기에서 중요한 것은 속도가 아닌, 방향이다. 방향을 정하지 않은 채 전력으로 질주했다면 이제는 좀 멈추자. 그러고는 당신의 방향부터 찾아보자. 지금, 한 번 더 생각해보자.

- 당신의 사명은 무엇인가?
- 0.1초도 주저 없이 대답할 수 있는 인생의 목적은 무엇인가?

당신의 대답이 말하는 목적지이고 말의 방향이다. 당신의 목적은 무엇인가? 단 한순간도 망설임 없이 선택할 수 있는 목적 말이다. 이것이 말을 할 때 중심에 두어야 하는 첫 번째 항목이다.

상대가 지루해하는 줄도 모르고 끝없이 광분하며 말해왔다면, 당신은 무엇을 위해 그토록 질주했는지를 돌아보자. 방향 없는 질주를 멈추고 일단 갈 길부터 정하자. 내 인생의 목적, 내 인생의 꿈을 말이다. 그렇게 지금부터 내 인생의 사명 쪽으로 말머리를 돌리자. 속도보다 중요한 것은 방향이다.

상대의 마음을
읽으며 말하라

우리는 일상에서 예기치 못한 돌발 상황에 직면하곤 한다. 이런 상황에서 좋아하는 상대라면 어려운 부탁을 하기도 쉽다. 물론 거절을 당해도 별 무리 없이 이해할 수 있다. 그러나 싫어하는 상대라면 어려워진다. 설득은커녕 대화하는 것조차도 난감하다. 상대가 여러 사람에게서 까다롭다는 평을 듣는 인물이라면 문제는 더욱 심각해진다. 그러나 불편하다는 이유로 상대에게 꼭 얻어내야 할 것을 지레 포기해버린다면 어리석기 짝이 없는 노릇이다.

소위 '까다로운 인간'은 어떤 사람들인가? 그들은 사람들에게서 '꼴통, 걸레, 사이코, 미친개, 또라이' 등으로 불린다. 나는 이런 소문이 난 사람을 만날 때는 은근히 기대를 한다. 그들이 가진 장점 등 상대의 색다른 면을 발견하는 재미가 있기 때문이다. 까다로운 사람은 정기 인사발령이 있기 전에는 항상 그의 '꼬리표'가 먼저 도착한다.

내가 함께 근무하던 직원이 타 학교로 발령이 나고 새로운 전입자가 왔다. 전입 직원에 대한 소문이 무성했다. 그의 별명은 '무개념'이었다. 물론 별명만으로도 감은 잡았다. 그는 주로 중요한 행사가 있을 때 슬그머니 휴가를 내고 근무처에서 사라진다고 했다. 특히 가장 분주한 때를 골라 휴가를 내고 연휴 다음 날에는 여지없이 몸이 아프다는 연락이 온다는 것이다.

나는 설마설마했다가 설마가 사람 잡는 경험을 했다. 그 직원은 소문을 실망시키지 않았다. 졸업 행사로 학교가 갑자기 바쁠 때면 아니나 다를까 휴가를 냈다. 휴가를 허락하지 않으려 마음먹고 있으면 사전에 휴가결재를 올리지 않고 출근 당일에 전화를 걸어 '처갓집에 갑자기 일이 생겼다'고 말했다. 장모님이 아파서, 처남이 다쳐서, 처갓집에 회갑 행사까지 처갓집 일은 끊임없이 이어졌다. 이내 '아내가 아파서'까지 동원되었다.

하루는 그를 불러 말했다.

"사위 사랑은 장모라더니 처갓집에서 사랑받는 사위이신가 봐요?"

그가 빙그레 웃었다.

"좀 그런 편입니다. 집안에 부모도 없고 처가를 내 집처럼 생각하다 보니 그렇게 되었습니다."

"장모님께서 가장 바라는 게 뭘까요?"

"뭐, 건강하게 직장생활 잘하는 거겠죠?"

"그렇다면 주무관님은 장모님께 불효하시는 거네요."

"네?"

"중요할 때 직장생활에 빠져 폐를 끼치니 직장생활도 잘하는 편이 아니고, 주말에 술 마시고 월요일에 아프니 건강도 안 좋을 거고 말이에요."

그의 얼굴이 이내 홍당무가 되었다.

"나는 주무관님이 장모님의 사랑을 더 많이 받았으면 좋겠어요. 직장에서 인정받고 건강도 챙기시고요."

그 대화를 나눈 후 그는 특별한 상황이 아니면 중요 행사 때 휴가를 내지 않았다. 그는 소문처럼 무지막지하게 개념 없는 사람은 아니었다. 사람들의 선입견에 의해 낙인찍혔을 뿐이다. 번거로울 때 휴가를 내도 누구 하나 진심을 기울여 그에게 말을 걸어준 사람이 없으니 그렇게 굳어졌던 것이다. 그에게 소중한 것은 처갓집도 있었지만 실은 상사, 직원 들의 관심이었다.

자세히 살펴보니 그는 맡은 일을 성실하게 처리하는 우직한 사람이었다. 그의 성실한 품성이 처갓집 식구들에게 인정을 받았고, 아내도 얻고 처갓집의 대소사도 도맡아 처리한 것이었다. 처가에 집중하다 보니 자기도 모르게 직장을 소홀했던 것이다. 당연히 상사, 동료들에게는 악의에 찬 행동으로 보일 수밖에 없었고 말이다.

사람을 만날 때 상대의 마음과 상관없이 선입견을 가지고 있다면, 일단 그가 어떤 마음으로 말하는지 귀를 기울여 들어보자.

상대의 마음을 읽으며 말하자. 대화는 일방적인 의도로 되지 않는다. 특히 오랜 습관으로 굳어진 상대의 마음을 변화시키기 위해서는 상대방의 인생 목표와 뿌리 깊은 가치관을 인정하고 집중적으로 탐색하는 게 도움된다. 사람은 '내가 왜 이러지?' 하는 돌아보기를 인식하게 되면 무엇인가 개선하고 싶은 강한 욕구를 만들어낸다. '이게 아닌데?' 하는 통찰은 동기면담을 통해 얻을 수 있다. 상대에게 스스로의 변화동기를 찾을 기회를 고스란히 맡겨두자. 그리고 상대의 마음을 읽어주자. 이때 도움이 되는 방법은 다음과 같다.

- 상대가 서둘러서 결정을 하도록 만들지 않는다.
- 스스로의 통제력을 강조한다.
- '최상의 것이 무엇인지는 스스로가 가장 잘 판단할 수 있음'을 알게 한다.
- 양가감정을 인정하고 정상적인 것으로 말해준다.
- 한 가지 행동 대안보다는 여러 행동 대안을 검토한다.
- 유사한 상황에서 다른 사람들은 무엇을 했는지 기술해준다.
- 중립적이고 사적이지 않은 방법으로 정보를 제시한다.
- 상대의 결단을 확인하며 곤경에 처해 있을 때 공감을 표현한다.

마음을 열어 자신을 돌아보기 위해서는 이렇게 표현할 수 있다.

"누구도 나의 변화에 대해서 대신 결정할 수 없다."
"나 대신 변화할 수 있게 하는 사람도 없다."
"계속 지금처럼 살아가든지 변화를 시도하든지의 결정은 나만이 할 수 있다."

한 남자가 있었다. 그는 상대의 마음을 읽어내지 못하고 자신의 의도와 계획으로 질주했다. 주변 사람들은 그에게 수없이 말했다. 그의 아내도 말했다.

"지금 내 말 좀 들어보세요."

그는 "내 말은 그게 아니었어요", "내 말뜻은 그런 의도가 아니었습니다" 등의 사람들 말에 한 마디도 귀 기울이지 않았다. 그는 소위 '능력자'였기 때문이다. 그는 '이다음에 시간이 나면 파티 한번 해야지' 하며 사람들의 말을 지나쳤다. 그러나 결국 단 한 번의 파티도 열지 못하고 파티에 초대할 사람도 잃어버렸다. 가족을 위해, 회사를 위해 열심히 살았지만 결국 종양 하나를 선물로 얻어 여생을 암 덩어리들과 싸워야 하는 지경에 이르고 말았다. 거울 앞에서 망연자실하게 앉은 그는 조금씩 광대뼈가 도드라지는 또 다른 자신에게 말했다.

"이건 내가 계획한 것이 아니야."

"그럼 네가 의도한 것은 무엇이지?"

거울 속의 그가 목줄을 세우며 물었다.

"그러게. 모든 게 순조롭게 풀려가는 줄 알았는데 내가 의도한 삶은 무엇이었을까? 무엇이 문제지? 적어도 이런 모습은 아니었는데…."

"종양이 아니었을까? 탐욕스럽게 마시고, 생각대로 말하고, 폐에 새벽까지 연기를 불어넣고, 칩을 그러모으고, 또 미친 듯 전진하고, 또 생각대로 상대를 쏘아붙이고."

거울 속의 그는 고개를 끄덕이며 덧붙였다.

"결국, 종양을 키운 셈이군. 상대의 말에 벽창호처럼 귀를 막고, 멋대로 달려서 얻은 것이 겨우 이거였군."

"가족을 위해 한 일이야. 나는 최선을 다했어."

그는 문득 자신이 의도한 삶이 무엇이었는지, 주변에 어떤 사람들이 있는지 궁금해졌다.

"내가 누구일까? 네가 도와주겠나? 내가 무슨 말을 하며 살아온 거지? 기억이 나지 않는군."

"네가 모르는 일을 내가 어찌 알겠나? 그건 너의 말본새를 돌아보면 될 텐데. 너는 상대가 어떤 기분일지 생각하지 않고 거침없이 뱉어내지 않았나? 내 한 가지만 물어보지. 너는 남에게 줄 것이 있는가? 무엇이든 말이야, 하다못해 따뜻한 위로의 말 한마디라도 아낌없이 줄 것이 있는가?"

그는 가슴이 턱 막히는 느낌이었다.

"줄 것? 줄 것이라…."

그는 생각에 잠겼다. 듣고 보니 그에게는 늘 '사람들은 너무 몰라' 하는 생각이 박혀 있었다. 사람들이 말하는 것을 듣다 보면 너무 느리고 답답하여 기다려줄 수가 없었다. 그건 대상을 가리지 않았다. 그러나 지금은 말할 기운이 없었다.

"그래, 그렇게 상대에게 줄 것을 고민하는 것이 너의 모습이지. 작은 줄 것도 고민해야 하는 이기주의자. 결국 그 이기심을 모아 너의 종양에 투자한 셈이군. 투자의 귀재답게 대가는 톡톡히 얻었고!"

거울 속의 그가 말했다. 그는 인생의 잔에 얼마나 채워졌다고 대답했을까?

상대의 마음을 읽으며 말하자. 지금 무엇이 되어 있는가는 당신의 말에서 비롯되었다. 당신의 계획과 다른 모습의 인생을 살아가고 있는가? 하물며 마음이 불편한가? 그렇다면 당신의 말을 당장 멈추자. 일단 입으로 크게 숨을 들이쉬고, 코를 통해 천천히 날숨을 뱉어보자. 상대의 마음이 보일 때까지 말이다.

상대의 마음을 읽으며 말하는 것은 그의 마음을 얻는 가장 빠른 지름길이다. 이는 자신을 돌아보는 거울이기도 하다. 고로 상대의 마음을 읽으며 말하면 인생이 달라진다.

간결한 말은
간결한 정리와 같다

항상 일이 닥치면 "왜 이렇게 되었지? 왜 진작 알려주지 않았어?"
하며 딴소리를 하는 사람이 있다. 메신저로 알리고, 회의 때도 전달했
고, 출력물로도 표시하여 통보해주었음에도 "나는 몰랐다"며 모르쇠
로 일관하는 사람들이 있다. 그들은 항상 시간에 쫓긴다. 그들은 공통
적으로 입에 '바쁘다'라는 말을 달고 다닌다. 게다가 누구와 얘기하
고 있는지조차 구분하기 힘들 정도로 장황하게 중언부언한다. 그런
그들이 바쁜 이유는 사실상 일을 피해가는 방법을 궁리하느라 시간
을 보내기 때문이다.

주변에서 보고를 할 때나 받을 때의 상황을 한번 유심히 보라. 당당
한 사람일수록 말이 간결하고 힘이 넘친다. 정리된 말을 하는 사람과
의 만남은 간결하며 깊이가 있다. 자신의 이야기를 분명하게 표현하

기 때문에 자신감이 넘친다. 자기의 분수를 알고 자신의 성품에 충실하게 말하는 사람은 자신을 돌아보며 진짜 자신과 만나는 인물이다.

칼 구스타프 융은 저서 《분석심리학》을 통해 이렇게 말했다.

'자기와의 만남은 자기실현, 개성화, 진정한 개성 실현, 그 사람 자신의 전부와 유사하다. 자기실현을 하는 일은 자신의 참모습을 발견하는 일이다. … 그는 평범하나 분수를 아는 사람이다. 그는 그가 하여야 할 바를 마음속에 물으며 그것이 그가 가야 할 길이면 그렇게 간다. 그것 때문에 그가 대인관계에서나 세속적인 이권에 반해서 손해를 보게 된다 하더라도 … 그는 진정으로 고독한 사람일 수도 있다. 또한 그는 세속적인 의미에서 진정으로 무력한 사람일 수도 있다. 그러나 그는 자기와의 일치라는 점에서 가장 강한 사람이다.'

칼 구스타프 융은 분화와 통합의 과정을 거쳐 개성화를 이루어간다고 했다. 이는 인생 전반기에는 해야 할 일(무엇)을 하며, 40세 이후의 후반기에는 자기다움으로 살아간다는 의미와 일맥상통한다. 마치 물건을 잡기 위해 막연히 손을 더듬거리다가 결국 원하는 물건을 손에 쥐는 아이의 행동과 같은 과정이다.

전반기에는 자기의 성격과 흥미, 능력에 맞는 일을 탐색하는 데 매진해야 한다. 결국 세상과 매치되지 않는 자신이 '해야 할 일'이 무엇인지 찾아야 한다. 그 첫 번째는 직업이겠다. 전반기에는 어떤 방법으로든 사회에서 자신이 할 수 있는 일이 무엇인지 찾아내어 자신과 맞춰보아야 한다. 이때 사람들이 소위 '성공의 기준'에 고무되어 막연한 꿈을 찾아 방황한다면 적지 않은 고난을 감수해야 한다.

인생 후반기에 개성화된 사람은 '멈추어 비로소 자신을 돌아보는 사람'이다. 자기에게 닥친 우연한 만남들을 때로는 경외의 눈으로, 때로는 부끄러움으로 돌아보는 사람이다. 그래서 '진짜 자신'이 원하는 게 무엇인지 간결히 말하며 만남의 목적도 간명하게 정리해야 한다는 사실을 알아챘다.

이런 '자기 돌아보기'는 우연히 시작되었지만, 필연적이고 숙명적인 만남으로 이어진다. 깊은 돌아보기는 간결한 말을 낳고 간결한 말은 간결한 정리와 같다. 정리되지 않은 말을 왈칵 쏟아내는 사람은 늘 후회한다. 그도 역시 '이대로는 안 된다'는 사실을 알고 있지만 자기 자신을 정확하게 돌아보지 못하여 주변의 상황에 쉽게 흔들린다. 그런 사람은 습관처럼 이렇게 말한다.

"이젠 정말 교통정리 좀 해야 해."

그는 진정 간결하게 정리된 말을 하며 평온하게 살고 싶다. 그러나 여전히 정리하지 못한 채 많은 세월을 흘려보냈다.

더 이상 지금의 장황한 말들에서 의미를 찾기란 어렵다. 당신은 몇 번인가 간결하게 말하며 삶을 정리할 계획을 세워본 적이 있을 것이다. 그러나 언제나 끝까지 가는 용기는 없었다. 간결하게 정리된 친구들이 심플하게 사는 모습을 보면 변화가 더욱 절실해진다. 분주하게 말하는 당신에 비해 심플한 사람들이 항상 더 나은 성과를 거둔다는 사실을 당신은 잘 알고 있다. 당신의 장황한 말솜씨 때문에 사람들은 당신을 지금 모습보다 더 과대평가한다. 사람들은 당신을 오지랖이 넓은 사람, 혹은 인정 많은 사람, 마당발 등으로 인식한다. 그 애매한 평판에 당신은 언제나 고무된다. 주변의 자원을 당신 것으로 활용

할 수만 있다면 당신은 속도를 내어 당신의 에너지를 가속할 수 있다. 진짜 모습에 집중하고 자신을 깊이 돌아볼 때 비로소 간결한 말을 할 수 있다. 오랜 숙고의 과정을 거친 깊이 있는 돌아보기는 감동을 선사한다.

'참 자기 돌아보기'로 감동을 준 증거를 보자. 세잔과 사과 돌아보기다. 사과의 화가 세잔은 평생 사과를 그렸다. 그러나 그가 그린 사과 그림은 열다섯 작품에 불과하다. 그는 말했다.

"사과가 모습을 보여줄 때만 그릴 수 있었다."

사과를 그리기 위해 사과밭을 찾아다닌들 사과를 그릴 수 있었을까. 그는 사과가 모습을 드러내기를 인내하며 기다렸다. 생각하고, 느끼고, 자신을 돌아보는 인고의 과정을 감내한 것이다. 열다섯 작품의 사과 그림은 그렇게 오랜 기다림과 깊은 돌아보기를 통해 탄생했다.

구스타프 클림트와 모델의 만남은 또 어떤가? 그는 자기가 가장 아끼는 모델을 제자에게 양보했다. 모델과 150번을 만나야 그림을 그릴 수 있었던 그는 왜 가장 아끼는 대상을 제자에게 양보했을까? 그는 모델과 150번을 만나면서 자신을 돌아볼 수 있었다. 깊은 자기성찰을 할 때 비로소 참 만남을 이룰 수 있다는 교훈을 제자에게 전하고 싶었던 것이다.

유비와 제갈량의 만남 역시 유비의 깊은 '자기 돌아보기'로 이루어졌다. 유비는 귀가 큰 사람이었다. 유비의 돌아보기는 '내 하잘것없는 결단이 어찌 저런 마음을 얻겠는가? 저 귀인이 없는 나는 무엇을 할 수 있단 말인가? 나는 어떤 사람인가?'였다. 우유부단한 남자 유비에게 제갈량이 없었다면 유비의 운명은 어떠했을까? 제갈량이 오장원에 은둔하고 있을 때, 유비는 장비, 관우와 함께 그를 찾아갔다. 그는 자신의 수명을 가늠해보았다.

'저 인간을 만나면 이순 즈음에 세상을 뜨겠군. 이 산속에서 살면 근심 걱정 없이 천수를 누릴 터….'

이런 생각에 그는 유비의 제안을 일축했다. 혹여 마음이 약해질까 아예 눈길조차 두지 않았다. 그러나 유비는 자신을 누구보다 잘 아는 운명의 사나이였다. 예를 갖추어 계속 간청하여 제갈량으로 하여금 자신의 운세를 한 번 더 점쳐보게 만들었다. 제갈량은 생각했다.

'저 인간을 만나면 수명이 단축되겠지만 한평생 저런 믿음을 받아볼 수 있을까? 이것도 하나의 인생이 아닐까?'

제갈량이 마음의 변화를 일으킨 것은 결국 유비의 정성 덕분이었다. 급기야 제갈량은 평생 자신의 목숨보다 소중하게 여겨주는 주군을 선택했다. 그가 오래전부터 작정한 일은 아니었다. 두 사람의 소중한 만남은 유비의 깊은 '자기 돌아보기'에 의한 운명이었다. 이 만남은 사건을 만들고 사건은 새 역사와 새로운 제국을 창출했다.

간결한 말은 간결한 정리와 같다. 간결하지 못한 말과 함께 어수선한 인생을 정리하자. 정리가 되지 않은 사람은 항상 말이 많다. 언제나 결정을 망설이며 주변을 간섭하느라 여념이 없다. 말을 앞세우느라 행동은 더디고 깊이 있는 이야기를 나눌 시간도 좀처럼 마련하지 못한다. "잠깐, 삼십 초면 돼요"라고 말해도 그는 시간이 없다. 그는 챙겨야 할 일들 때문에 늘 바쁘다. 이런 사람이 하는 말을 듣다가 "당신 무슨 말을 하고 싶은 거예요?" 하고 물으면 "자세한 얘기는 나중에 합시다"라며 서둘러 다른 곳으로 이동한다.

그의 인생은 그러므로 '만성피로'다. 몸을 챙겨야 하고, 주변에 추슬러야 할 일이 즐비하다. 그가 꿈이라 말하는 '하고 싶은 일'은 따라서 언제나 다음으로 밀려나 있다. 그는 원하는 일을 행동으로 옮기기에는 말이 너무 많고 지나치게 성실하다. 그의 하루는 미래에 대한 기대감으로 가득 차 있어 "나는 꿈이 있어"라고 말하지만, 말뿐이다. 집중할 수 있을 만큼 간결하게 정리하기 전에는 원하는 꿈에 매진할 수 없다. 습관처럼 "사람은 인간관계가 최고다"라고 말하지만 그의 인간관계는 늘 불편하다. 간결하게 정리되지 않은 말과 행동 때문이다. 그는 돌아보기를 통해 간결하게 말할 수 있을 때 비로소 원하는 바를 얻을 수 있을 것이다.

간결하게 말하자. 말을 중언부언하여 주변 사람을 찌푸리게 하는 사람은 인생도 늘 찌푸리게 할 만큼 쫓긴다.

"아닌 게 아니라 좀 쉬어야겠어. 생각 좀 하며 살아야겠어. 그런데 너무 바쁘군!"

습관적으로 이런 말을 하며 살고 있다면 당장 휴식을 취하자. 휴식을 통해 깊이 돌아보고, 당신의 말과 함께 인생을 정리해보자. 그리고 '진짜 나는 어떤 사람인지'를 간결하게 정리해보자.

간결할수록
더 정확하다

말을 행동으로 옮기다 보면 원하는 일과 필요한 일이 무엇인지 알게 된다. 심리 검사의 전문가 김재환 교수는 이렇게 말했다.

"마흔을 기점으로 재고 정리를 해야 합니다. 그 전에는 해야 할 일을 찾아 헤매도 좋습니다. 그러나 마흔을 넘어서면 하고 싶은 일에 매진해야 합니다. 하고 싶은 일에 매진하는 첫 번째 준비는 재고 정리입니다. 모든 것을 다 내려놓고 한 가지만 집중하여 전력 질주해야 원하는 것을 얻을 수 있습니다. 그렇게 전력을 다하다 보면 문이 하나 열리고, 또 매진하다 보면 두 번째 문이 열립니다. 심리 검사를 통해 자신이 어떤 인간인지 알았으면 하고 싶은 일에 매진하세요. 나는 어떤 사람인가? 무엇이 나를 붙드는가? 그리고 왜 나답게 질주하지 못하는가? 그런 자신과 만나보세요."

김태광 작가는 《마흔, 당신의 책을 써라》에서 김재환 교수의 '재고 정리'를 간결하고 정확하게 정리하였다. 저자는 세상에 자신의 존재를 알리고 자신의 영향력을 행사하는 데 책이 최고의 이력서임을 강조한다.

대화를 하다 보면 한 마디 한 마디에 사설을 붙이는 사람이 있다. 그런 사람들은 결정적 상황에서 행동하지 않고 뒤로 빠진다. 처음부터 함께할 의지가 없었지만 체면 때문에 머뭇거리며 여러 명분을 찾다가 이내 변변찮은 변명을 늘어놓는다.

협의회 활동을 하다 보면 주말에 행사가 시행되는 경우가 있다. 행사를 준비하는 과정에서는 마치 행동대원인 것처럼 말하고 상황을 주도하다가 마침 행사 당일에는 나타나지 않는 사람들! 그들에게는 언제나 행사 당일에 '결혼식, 친구, 그리고 가족의 대소사'가 피치 못하게 찾아온다.

《간결한 대화법》에서 저자 류양은 말한다. 간결한 사람이 되기 위한 요건은 늘 '상식'으로 문제를 대하고 이해하는 것이라고 말이다.

"그건 상식이야!"

"상식적인 것도 모르냐?"

"상식이 없어!"

무슨 의미일까? 가장 기본적인 상식을 간파해야 간결하게 말할 수 있고 간결하게 말해야 원하는 목적을 달성할 수 있다는 뜻이다. 간결함으로 손님을 매혹시키는 식당을 보면 간결한 상식이 얼마나 정확한지를 확인할 수 있다. 맛집 주인들이 하나같이 말해주지 않던가?

"맛있게 먹을 수 있고 몸에 가장 좋은 음식을 만듭니다."

이 간결한 사고가 맛집의 비결이다. 알고 보면 너무도 당연하여 허무한 생각이 들 정도다. 전교 수석들이 흔히 말하는 내용과 비슷하다.

"교과서에 충실했습니다."

막노동꾼 출신의 늦깎이로 서울대학교 법대에 수석합격한 장승수는 말했다.

"파동을 이해하기 위해 온종일 저수지에 돌을 던졌습니다."

당신의 말을 돌아보자. 간결하게 말하는가? 그로 말미암아 정확하게 만남을 이어왔는가? 살인자와 만날 때는 생명의 가치를, 법률가와 만날 때는 균형의 가치를, 정치가와 만날 때는 민의의 가치를, 공직자와 만날 때는 봉사의 가치를, 가난한 이웃과 만날 때는 나눔의 가치를 중심에 두어야 한다.

40세를 전후로 연령대별 게임의 법칙이 있다. 나는 이 사실을 발견하고 나서 잠을 이룰 수 없었다. 과연 게임의 법칙이 얼마나 현실성 있게 적용할 수 있는 것인지를 증명하고 싶었다.

'나이 37세. 미혼. 꿈은 불쌍한 사람 도우며 살기. 자격증이 없었는데 최근 1년 사이 일용직 노동자로 일하며 사회복지사 자격 획득. 마음은 착하고 착한 게 흠. 줄 것도 없는 게 평생 봉사하며 살겠다는데 복장 터진다는 게 부모님의 평가. 밥벌이나 제대로 하는 것은 둘째치고 사기나 당하지 않았으면 좋겠다는 게 부모님의 소원. 최근 3개월 사이 열 번의 면접에 열 번 낙방. 전 재산 현재 2만 원. 심정은? 가장 절박하게 급전을 요구한 친구(그의 요구에 친구들 모두 거절함)의 가슴 아픈 사연을 듣고 그동안 모아둔 종자돈 모두 털고 더불어 대출까지 보태 친구를 도와주었다. 그러나 친구는 그의 믿음을 틈타 여행을 가 듯 사라졌다. 철저하게 계획된 먹튀를 한 것이다. 그는 사기꾼들이 가 장 선호하는 스타일이다. 상대가 마음을 숨기면 알아차리지 못하고, 착하고, 성실하며, 마음이 약하고, 헌신적으로 믿어주는 스타일. 왜 하필 나한테 그랬는지 얘기라도 듣고 싶다면서 울부짖는다. 항우울 증 약을 먹으며 끝 모를 불면의 밤을 보낸다. 변변한 아들이 되어 이 제 환갑에 이른 어머니에게 효도도 하고, 아들한테 소주 한 잔 거나하 게 얻어 마시는 게 꿈이라는 아버지의 소원도 들어주고 싶다. 하지만 부모에게 돌아간 것은 먹튀가 남기고 간 빚더미뿐이다.'

이상이 그의 프로필이다. 내게 밤 12시에 전화가 온 것은 그 후 1 년 정도 지나서, 그러니까 그가 면접에서 낙방한 후였다. 그는 5일 동 안 불면증에 시달리며 밥 한술도 뜨지 못한 채 죽고 싶은 심정으로 내 게 마지막 전화를 한 듯싶었다.

"저, 숨을 쉴 수가 없어요. 내가 왜 살아 있는지 도저히 알 수가 없 어요. 댁에서 좀 쉬고 싶은데 괜찮을까요?"

"그러렴. 많이 힘들구나!"

그는 암울의 기운을 끌어안은 채 우리 집 3층에서 하염없이 누워 있었다.

"나는, 쓸모없는 인간인가 봐요. 면접을 보러 오라는 연락이 오면 가슴이 터질 것 같고 숨이 막혀요. 이 나이가 돼서 괜찮은 아들, 조카 이고 싶었는데 뭐 하나 쓸모가 없는 인간이 되어버렸어요. 밥을 먹을 수 없어요. 밥을 먹으려는 내가 구역질이 나요."

"그러네, 끔찍하네."

"정말, 이렇게 한심할 수가 없어요."

"그러게, 표현할 수 없을 정도로…."

"차라리 죽어버리는게 낫겠죠?"

"그게 나을 수도 있지."

"…."

"네가 올해 몇이지?"

"서른일곱이요."

"게임이 시작되는 나이에 그런 생각을 하다니, 끔찍하구나."

"게임이요? 무슨?"

"서른에 시작되는 인생게임이 다섯 번 중 세 번 이겨야 하는 룰이라고 치자. 너의 현재 승부는?"

"… 삼 대 영으로 끝난 게임이죠."

"그러고는?"

"쓰레기죠, 쓰레기. 아무짝에도 쓸모없고 버리기도 귀찮기만 한 쓰레기!"

"맞아, 쓰레기. 첫 게임을 시작하기도 전에 코트를 떠나버리는 쓰레기."

"…."

"삼 대 영이라고 했는데 첫 게임이라도 해봤니?"

"무참히 졌죠. 첫 게임 이후 내리 져버렸죠. 더 이상 게임이랄 것도 없고 앞으로도 희망이 없고…."

"누가 그래? 앞으로도 희망이 없다고?"

"… 내가요."

"그리고 또 누가 그래?"

"…. 내가요."

"그리고 또? 그렇게 단정하는걸 보면 확실한 사람이 말해줬나 보네, 희망 없다고. 누가?"

"내가요."

"누가?"

"내가요."

"대체 누가?"

"내가요."

한 공원을 돌면서 나눈 대화다. 그와 인생의 게임을 이야기했다. 첫 게임 앞에서 징징거리는 사람들이 많다. 자신의 분을 이기지 못해 마음대로 코트를 떠나거나 경기를 포기해버리는 사람들도 여전히 득실거린다. 그러나 인생의 게임은 경기처럼 심판의 명령에 의해 판가름이 나는 그런 게 아니다. 인생의 게임은 내가 시작하고 내가 끝내는 것이다.

그는 이튿날 물었다.

"저도 쓸모가 있나요?"

"자신의 쓸모를 누구에게 묻니?"

종일 누워 있던 그는 저녁이 되어 "나, 괜찮은 거죠"를 다섯 번을 물었다. 나는 "그런 질문을 하는 사람은 내가 모르는 사람"이라고 답해주었다. 그리고 덧붙였다.

"내가 아는 사람은 언제나 괜찮았다."

그는 그날 밤 한참을 울었다. 그리고 며칠 뒤 월요일 오전, 그의 열한 번째 면접에 뛰어들었다. 지금 그는 당당히 합격해서 꿈을 향해 돌진하고 있다. 내가 사랑하는 조카 민학식의 이야기다. 학식이는 내게 한 장의 편지를 놓아두고 떠났다.

'생각하는 대로 살고, 살고 싶은 대로 생각하는 것, 그게 옳게 사는 것이라는 사실을 알게 되니 참으로 하루하루가 기쁠 따름입니다.'

자, 게임의 법칙을 말하기 전, 다음의 질문에 답해보자.

- 당신은 말하는 방향을 정했는가? 즉, 주저 없이 선택할 목표, 사명이 있는가?
- 당신은 상대의 마음을 읽으며 말하는가? 즉, 당신의 방황을 각성했는가?
- 당신은 간결하게 정리된 말로 자신을 표현하는가?
- 당신은 간결하고 정확하게 말하고 있는가?
- 그렇다면 어떤 가치와 만남을 가졌는가?
- 당신은 누구인가?

간결할수록 더 정확하다. 당신은 당신의 게임을 하면 그만이다. 한 가지 더 생각해보자. 당신은 지금 하고 싶은 일을 하고 있는가? 아니면 해야 할 일에 사축처럼 매달리고 있는가? 인생의 게임이 시작되지도 않았는데 뒤를 돌아보며 엄살을 떨고 있지는 않나? 소용도 없는 과거와 일어나지도 않은 미래의 환상에 사로잡혀 떨고 있는가? 설마 존재하지도 않는 대상을 만들어 비교하며 허황된 욕심으로 하루를 보내고 있지는 않나? 그렇다면 '다음에 시간이 나면' 하고 미루어두었던 당신의 꿈을 향해 이렇게 말해주자.

"그래, 좋아. 내 경기를 해보자!"

'예', '아니오'를
분명히 하라

방황하는 젊은이들이 많다. 물론 방황이 젊은이들에게 한정된 것은 아니다. 하지만 씀씀이에 비해 지나치게 자립심이 부족한 젊은이들에게 이참에 분명히 충고하는 것이 좋겠다. 나는 칼 구스타브 융과 김재환 교수, 그리고 항상 세상의 중심에서 균형을 잃지 않고 살아가는 멘토들, 일명 '걸작'에 해당하는 이들의 말씀을 통해 다음과 같은 말들을 얻었다.

- 당신은 어떻게 생각하는지 예, 아니오로 분명히 표현하자.
- 나답게 사는 것.
- 내 인생을 사는 것.
- 내 멋대로 사는 것.

인생의 전반기에 해야 할 일 혹은 하고 싶은 일에 매진하느라 자립하지 못하고 있다면 방황을 멈추는 것이 마땅하다. 우선 자립하자. 자립이란 먹고 자는 일을 스스로 하는 것이다. 하고 싶은 일이 무엇이든 간에 우선 스스로 먹을 것과 잘 곳을 책임져야 한다. 이 문제가 해결되지 않았다면 당신이 '하고 싶은 일'의 열정 안에, 먹고 자는 것을 우선 포함하여 자립하자. 내가 먹을 것, 입을 것, 잘 곳 정도는 스스로 준비하고 관계도 스스로 결정할 수 있어야 한다. 나 스스로 몸 하나를 건사하는 것, 이것이 당신 인생 전반기의 업무다.

10대는 "네, 알겠습니다" 하고 순종하자. 지금은 게임의 룰을 온전히 알지 못하기 때문이다. 그러므로 순종하자. 때로는 이해할 수 없는 분노 때문에 죽음을 생각할 수도 있다. 그러나 죽음은 문제를 해결하는 방법이 아니다. 죽음은 고통의 시작에 불과하다.

신은 말씀하신다. 부모님의 말씀에 순종하고, 선생님과 성품 좋은 사람들의 말씀에 순종하라고…. 세상에는 수많은 스승이 있다. 그들을 알아보는 눈을 길러야 한다. 가장 좋은 방법은 끝없는 질문과 책 읽기다.

20대는 "이게 심장 뛰게 하네, 내가 뭐하는 거지?" 하고 자문하자. 그리고 인생의 게임을 준비하자. 결정하지 말고 방황하자. 당장은 끝이 보이지 않을 것이다. 그럼에도 '나'라는 인간이 어떤 게임을 할 수 있는지, 무엇이 나의 심장을 이끄는지 끝없이 방황해야 찾을 수 있다. 분투에 분투를 거듭하여 스스로 할 수 있는 자기만의 게임에 대비하자. 스타일에 맞는 무기를 준비하자. 몸을 단련하고, 지식을 습득하고, 마음을 다스리고, 결단을 행동으로 실천하자. 내가 어떤 게임을 할 수 있을 것인지, 내가 어떤 길로 가야 할지는 마음을 이끄는 멘토에게 묻자. 인생의 게임은 홀로 시작해야 한다는 사실을 명심하고 게임을 준비하자. 결정은 성품(심장)이 할 것이다. 이 시기는 가슴 뛰는 준비의 시기인 것이다.

30대는 "그래, 해보자! 만들어가는 거야!"라고 말하자. 그리고 마침내 첫 게임을 시작하자. 차선책이라도 좋으니 완벽한 첫 게임을 기대하지 말자. 우선 첫 게임에 매진하되, 이 게임은 선택의 여지가 없음을 명심하자. '이다음에 돈을 벌면, 혹은 대기업에 취직하면, 이 시련이 끝나면' 따위의 허무맹랑한 말에 현혹되지 말고 이제까지 준비한 만큼의 능력을 토대로 나답게 선택하고 실행하자.

거듭 주의할 점은 완벽을 꿈꾸지 말라는 것이다. 형편없는 패배와 모멸감도 감수하며 첫 게임을 시작하자. 이 게임은 관중을 위한 게임이 아닌, 나 스스로가 준비한 '나의 게임'이다. 실패를 두려워할 필요는 없다. 누구나 첫 게임부터 화려하게 승리하기란 쉽지 않다. 오히려 바람직하지도 않다. 그것은 완벽한 인간을 꿈꾸는 자의 몫이며 그 가능성은 존재하지 않는다. 그것은 신의 몫이다. 이제까지 준비한 게임을 하자. 나의 역량대로 단련한 실력을 보여주면 된다. 이것은 꼭 해야 할 게임이다. 이 첫 게임을 피해 간다면 점점 더 힘겨운 게임과 맞닥뜨릴 것임을 명심하자. 이제까지 준비한 대로, 결단한 대로 게임을 시작하자.

요약하면, 당신의 1순위는 '꼭 해야 할 일'에 매진하는 것이다. 그 일이 당신이 원하는 일이 아니어도 상관없다. 당신이 원하는 일은 당신이 매진하는 일 속에 숨어 있다. 지금은 당신이 독립적으로 선택한

일, 당신만의 '첫 게임'에 매진할 때다. 서른에 게임을 시작하자. 주변의 시선에 휩싸여 화려한 게임, 화려한 승리 따위의 환상에 사로잡혀서는 안 된다. 당신이 준비한 바와 다른 색다른 게임에 눈을 돌려서도 안 된다. 지금까지 당신이 준비한 것, 누구도 범접할 수 없는 당신만의 것, 그것이 당신의 첫 게임이다.

이제 드디어 무언가 이루어졌으리라 기대할 만한 후반전이다. 인생 후반기 40대 이후의 숙제, 재고 정리를 하고 저지르자. '하고 싶은 일, 가슴 뛰는 일'을 시작할 때다. 하고 싶은 일을 가로막는 것들이 있다. 인생 전반기에 감상에 젖어 남을 의식하며 '허황된 꿈'에 매진하느라 자립하지 못했을 경우 그것들이 등장한다. 이제부터라도 정리하여 당신이 하고 싶은 일에 전력하자. 당신의 심장을 가로막는 여러 잡동사니를 정리하자. 동창회, 향우회, 각종 친목 모임, 심지어 가족 모임까지도 겉치레로 참석하는 모임이라면 과감히 단절하자. 당신의 심장이 뛰는 만남과 일에 몰입하여야 한다. 전반기부터 하고 싶은 일을 찾아 일생을 보내왔다면 방황을 멈추고 돌아보고 자신과 만나보자. 한 번쯤 정리가 필요하다는 사실을 각성하자.

후반기는 자아를 통합하는 시기이다. 참 자기를 발견하여 자신이 하고 싶은 일, 꿈꾸던 일생의 바람을 실천해야 한다. 인생에 집중할 시기이니 적당히 타협해서는 안 된다. 아직 닥치지도 않은 은퇴 이후의 삶에 시간을 허비하지 말자. 지금에 집중하자. 흔들리지 않던 나 자신을 세차게 흔들자. 다른 세상이 보일 만큼 흔들어 죽음과 다름없이 퇴보해가는 당신의 말을 정리하자. 직업과 가정, 사회적 관계와 지위 등을 고려하여 일의 우선순위를 정해야 한다. 순위를 정하되, 자신이 '일생을 두고 하고 싶었던 일'에 1순위를 두고 전력투구하자. 불필요한 짐은 태워버리고, 필수품은 반드시 간편하게 챙겨두어야 한다.

겹겹이 놓인 여러 개의 문이 당신 앞을 가로막고 있다고 하여 두려워할 필요는 없다. 언제나 당신이 통과해야 할 문은 눈앞의 문 한 개다. 그 한 개의 문을 위해 최대한 가볍고 단순하게 준비해야 한다. 이때 필수품 중 하나가 '이타심'이다. 사람의 차이를 인정하고 당신이 원하는 일에 매진할 준비가 되었다면 당신은 전력 질주를 하면 된다.

후반기 과제 중 정리는커녕 정리할 생각과 감정 등의 재고 자체를 발견할 수 없는 상황에 봉착할 수도 있다. 그때는 스스로 '잠자리와 먹을 것'은 갖추었는지부터 점검해보아야 한다. 그것이 최우선순위다. 인생 전반기에 당신의 꿈을 향해 질주해왔다면 그런 상황에 봉착하더라도 두려워하지 않아도 된다. 잠자리와 먹을 것은 당신이 숨을 쉴 수만 있다면 충분히 마련할 수 있을 테니까. 당신의 복잡한 생각과 감정을 정리해보자. 아마도 일찍부터 꿈을 키운 당신은 단단하고 원대하게 꿈을 키워냈을 것이다. 그러니 후반기에는 당신이 일생을 꿈꾸던 일, 하고 싶은 일을 1순위로 두어도 무방하다.

'예', '아니오'를 분명히 하자. '나는 무엇이다'라고 생각한 것들이 당신이라고는 단정할 수 없다. 당신이 '무엇'이라고 명명한 것을 칼 구스타브 융은 '페르조나'라고 했다. 페르조나는 내가 나로서 있는 것이 아니고 남과 다른 사람들에게 보이는 나를 더 크게 생각하는 특징을 가지고 있다. 이는 진정한 자기와는 다른 것이다. 그것은 환경에 대한 나의 작용과 환경이 나에게 작용하는 환경 체험을 거치는 동안 형성된다. 하고 싶은 일을 하고자 하는 데 가장 큰 장애물이 바로 이 페르조나다.

그럼에도 '예', '아니오'로 분명히 해두자. 다른 사람이 보는 당신의 모습이 '진정한 나'인가? "예"라고 자신 있게 말하는데 마음이 평온하다면 당신은 이미 '걸작'이다. "아니요"라고 대답했다면 당신은 지금 모습과 다른 사람이다. 지금은 변변치 않지만 참나무가 될 도토리이거나, 밟아도 꿈쩍하지 않다가 끝내 세상을 덮을 느티나무 열매이거나, 허공중을 먼지처럼 날아오르는 송홧가루일지라도 결국은 천년의 송이 될 씨눈이거나…. 아무튼 지금의 당신은 결코 당신이 아니다.

당신은 지금 당신답게 살고 있는가? '예', '아니오'를 분명히 표현하자. 그래야 당신의 인생이 분명해진다.

부드럽지만
당당하게 말하라

'물같이 행동하는 것이 필요하다. 방해물이 없으면 물은 흐른다. 둑이 있으면 머무른다. 둑을 치우면 다시 흐르기 시작한다. 물은 이같은 성질 때문에 가장 필요하며 가장 힘이 세다.'

노자의 《도덕경》에 나오는 말이다. 물은 높은 곳에서 떨어져도 깨지지 않는 부드럽지만 강한 존재이다. 부드럽게 말하지만 할 말을 다 하는 사람이 있다. 이들은 거절을 두려워하지 않으며 타인에게 휘둘리지도 않는다. 할 말만을 짧게 하여 손해 보는 일이 없고, 약자에게는 어질고 강자에게는 매우 강한 사람, 즉 지혜로운 사람이다. 차동엽 신부는 말했다.

"지혜란, 곰삭은 지식이다. 난관을 뚫는 예지를 발휘하고, 단점을 장점으로 바꾸며, 마음을 다스리게 한다. 지혜는 배움과 독서가 그 씨앗이다."

지혜로운 사람으로 산다는 것은 쉽지 않은 일이다. 하고 싶은 말도 이치에 맞지 않으면 참아야 하고 누구도 하고 싶어 하지 않는 말을 당당하게 말해야 하기 때문이다.

부드럽고 당당하게 말하는 힘은 어떻게 얻을 수 있을까? 그것은 고뇌로부터 비롯된다. 축복받은 사람들은 하나같이 고뇌의 관문을 통과하였다. 고뇌의 크기를 원으로 본다면, 원지름은 축복으로 가는 문의 지름과 같다. 나의 멘토 백승언 장로님은 이를 '원통이론, 또는 원만이론'이라고 했다. 고뇌의 문이 클수록 사람의 마음으로 가는 문이 넓어져 쉽게 사람을 이해하고 마음을 헤아릴 수 있다는 것이다. 인생을 고뇌 없이 누리고만 살아온 사람은 고뇌의 문이 문풍지 구멍만 하여 좀처럼 다른 사람의 마음을 헤아리기 어렵다. 사회적 지위나 재물을 무기로 이른바 '갑질'을 하는 사람들의 고뇌의 크기를 짐작해볼 수 있는 대목이다. 30년 넘는 교직생활을 하고 은퇴한 장로님은 이렇게 강조했다.

"선생은 제자들에게 삶의 윤곽, 즉 각진 도형 정도를 안내하는 것이며 제자 된 자는 각진 마음을 잘 가다듬어 다른 사람이 상처받지 않도록 해야 한다."

그래야 마음으로 들어가는 모서리가 원만해져 모서리에 상처받지 않는다는 것이다. 고뇌의 원통이 크면 클수록 큰마음을 얻을 수 있다는 것이다. 따라서 깊은 고뇌를 감당한 사람의 말투는 부드럽고 당당하다.

멘토들이 전수해준 고뇌에 관한 몇 가지 지혜를 소개한다.

첫째, '우물론'이다.

작은 선행을 베푸는 데도 희생이 따른다. 상처 난 마음을 어루만지고 동정하는 일은 희생을 동반한다. 집단 속에서 감당해야 하는 헌신은 고뇌를 감수해야 한다. 우물은 사람의 마음과도 같다. 마을에 깊은 우물이 있다. 우물은 지하수를 퍼 올려야 하기 때문에 매우 깊다. 우물이 깊다는 사실은 누구나 알 수 있다.

그러나 같은 물을 마시더라도 우물을 팔 때의 속 깊은 고뇌를 경험하고 마시는 사람과 습관적으로 마시는 사람은 다르다. 어떤 이는 밧줄을 이용하여 두레박으로 물을 마시는 것으로 일생을 보낸다. 그는 물의 깊은 맛을 알지 못한다. 그곳에 우물이 있으니 습관적으로 마시는 것이다. 또 어떤 이는 두려움을 감수하며 직접 내려가 우물 근처까지 갔지만 우물의 깊이에 놀라 물을 떠 마시지 못하고 두려움에 되돌아온다. 어떤 이는 끝내 두려움을 떨치고 우물까지 도달하여 우물을 한 바가지 퍼서 마신다.

위험을 무릅쓰고 우물을 마셔본 사람은 그 깊이를 알 수 있다. 그 알 수 없는 깊이와 두려움 그리고 우물의 서슬 퍼런 빛과 차가운 냄새, 그것을 마신 것이다. 사람의 마음은 우물보다 훨씬 깊다. 마음을 헤아리기 위해서는 우물을 직접 마시는 일처럼 용기가 필요하다. 그때 비로소 "나는 우물을 마셔보았다"라고 말할 수 있다. 깊은 우물이 왜 변치 않는지도 깨닫는다. 부드럽지만 당당하게 말할 수 있다. "우물은 깊고 물은 차갑게 살아 있다"라고…. 두려움을 떨치고 우물에 당도한 사람만이 할 수 있는 말이다.

둘째, '빙산론'이다.

빙산은 미끄럽고 차갑다. 하물며 인생의 빙산은 삶의 고뇌와 같다. 예기치 않은 모습으로 항상 우리 앞에 다가온다. 빙산의 중간에 옹달 샘이 있고 계곡도 있다. 때로는 모퉁이에 약초가 자라기도 하고 녹아 내려 무너질 위험도 있다. 빙산을 넘기 위해서는 목숨을 잃을 각오를 해야 한다. 그래서 많은 사람은 빙산을 돌아서 간다. 그러나 인생행로 에서 한 번 돌아간다면 좀 더 큰 빙산이 가로막는다. 돌아서 가야 할 거리는 점차 더 멀어진다. 안전한 길을 택하였다고 하나 빙산을 넘지 못한 사람은 하염없이 세상을 배회하게 된다.

빙산을 넘어야 비로소 사람을 만날 수 있다. 사랑하는 사람은 항상 빙산 너머에 있다. 빙산을 넘고, 얼음을 깨치고, 두려움을 떨치고, 몇 번인가 미끄러진다. 무릎과 손바닥에 핏물이 흥건한 채 계속 얼음산

을 넘는다. 그렇게 할 때 비로소 사랑하는 사람의 모습을 발견할 수 있는 것이다.

빙산을 넘은 사람은 초록의 들판을 볼 수 있다. 초록의 들판에는 그 동안의 수고를 고스란히 보아주는 사람들이 있다. 빙산을 넘은 사람의 인생행로에는 아무리 큰 빙산도 작게 느껴질 뿐이다. 그는 두려움이 없으며 용기와 열정으로 가득 차 있다. 입술은 평온하고 눈동자는 살아 있다. 그는 자기를 내세우지 않으며 타인을 먼저 생각한다. 누가 산을 넘었는지에 관심을 두지 않고 그곳에, 사랑하는 사람이 있다는 사실을 간파하고 있다. 그의 말투는 역시 부드럽고 당당하다.

목소리가 크고 대범한 듯하지만 막상 행동할 때는 슬쩍 빠지는 사람이 있다. 그런 사람은 사람들의 호감을 살 수 없다. 주변을 둘러보자. 말투가 부드럽고 당당한 사람은 하나같이 겸손하며 지혜롭게 말한다. 그는 우물을 바가지로 퍼서 마셔본 사람이거나 빙산을 에두르지 않고 정면으로 넘어선 사람이다. 고뇌를 견뎌낸 사람들의 공통적인 말투는 부드럽고 당당하다.

90세에 영어 공부를 시작한 장경례 할머니의 멈추지 않는 열정, 얼기설기 얽힌 불통의 전화기를 고쳐놓고 쓱 사라지는 진성통신의 우성주 사장 부부의 마음의 소리, 당당하지만 겸손하게 일하는 운산소방전기의 전재우 사장이 주는 온화한 불빛, 위대한 감독 박찬욱이 전해주는 복수, 온화함과 따뜻함을 겸비한 박정희 교장의 소통력, 영원한 프리랜서로 영혼이 자유로운 서진숙, 시인의 마음으로 세 자녀를 길러낸 류효정 여사, 가슴에 자동차의 엔진을 장착한 자칭 '꼬마사장' 홍원일, 부드럽고 당당한 사무관 최미자, 카리스마 넘치는 학생부장 이민정, 노래를 만드는 천재 교장 박상백, 겸손으로 강자를 이기는 장로 백승언, 퍼주고 감당하는 교수 조성희, 동기면담의 파수꾼 서난희 한국동기면담협회(KAMI) 회장, 김기은, 김보미, 강순남 그리고 자신의 분야에서 동기면담을 전파하고 있는 한국의 민트(K-MINT)들, 그 외 선한 영향력을 행사하는 수많은 걸작….

내가 휴대전화에 이름을 저장할 때 '달'이라고 명시해둔 사람들이다. 이들은 보름달처럼 부드럽게 말하지만 언제나 마음을 훅 파고드는 당당한 말을 가지고 있다. 나는 이들을 빛으로, 소리로, 영감으로, 당당함으로, 감동으로 만난다.

지혜로운 사람은 부드럽지만 당당하게 말한다. 이들은 하나같이 고뇌의 강을 건넜다. 우물론과 빙산론을 통해 당신 주변인 중에서 지혜로운 사람들을 찾아보자. 이들을 만나거나 그들의 당당한 말투를 보면 유익하고 즐겁다. 의욕이 살아나고 동기부여가 된다.

나는 이들을 떠올려 만나고 느끼며 하루를 마무리한다. 삶이 지칠 때는 이들을 읽거나 때로는 직접 만나 막걸리를 대접한다. 맛난 음식을 볼 때도 이들을 생각하고, 의기소침할 때도 항상 이들과 함께하고 있다는 데 용기를 낸다. 가끔 사람들에 치일 때는 서현자동차센터의 홍원일 꼬마사장과 만난다. 정의 앞에 슬쩍 눈을 감을 일이 있을 때는 이순신의 백의종군의 고뇌를 떠올린다. 그러고는 "뒤를 봐라 네가 이곳을 도망쳐 어느 나라로 가겠다는 것이냐!" 하는 말에 힘을 낸다. 한계를 느낄 때면 마윈의 깡마른 어깨를 생각하며 멈추지 않던 그의 꿈을 되새긴다.

"나는 능력이 부족하다. 유일한 능력이라면 전문가를 존중하는 능력뿐이다."

실망스런 교사를 만났을 때는 이민정 학생부장의 목소리를 떠올린다.

"나, 교사 여기까지 하고 안 할래. 뻔히 보이는데 거지처럼 나를 속이고 할 말을 못한다면 말이다, 알겠냐? 날 똑바로 봐, 이 자식아!"

자기 안에 갇혀 좀처럼 변치 않는 사람들을 만났을 때는 동기면담 훈련가들에게 의견을 물어본다. 그러면 그들은 말해준다.

"그들의 동기를 허(許)하세요. 그리고 사랑할 수 있을 만큼 사랑하세요."

이들은 부드럽지만 당당하게 말한다.

부드럽지만 당당하게 말하기! 인생을 바꾸는 데 꼭 필요한 말의 내공이다.

당당하고 정확하게
마음을 전달하라

떠난 사람은 사람을 떠나게 하는 말투를 지녔고, 돌아온 사람은 사람을 돌아오게 하는 말투를 지녔다.

떠나게 하는 사람의 말투는 항상 이런 식이다.

"우리끼리 얘긴데, 아무한테도 말하지 마. 걔는 있으나 마나 한 인간이야. 믿을 놈이 없어, 믿을 놈이! 자네는 안 그럴 거지? 자네만 믿네."

그는 수십 명의 직원이 그 학교를 떠나게 만들고 급기야 본인도 학교를 떠났다.

돌아온 사람의 말투는 이런 식이다.

"부장회의 시간에는 쟁점만 간단히 하시고 우리의 이야기를 합시다. 가르치는 사람을 신나게 하는 일은 자율성입니다. 교실이 시끌벅

적해도 좋습니다. 아이들의 생각을 말하는 자리라면 말이죠. 영재보다 더 중요한 건 영재화입니다. 새를 부르려면 새를 찾지 말고 연못을 가꾸어 연꽃을 피우면 됩니다."

그는 학예 발표회 때 폭발적인 가창력으로 멋진 개막을 장식한 인물로, "내가 대접하고 싶은 사람은 내가 선택하고 모신다"며 당신이 가장 미덥고 고맙게 생각하는 교직원을 당신의 차에 직접 태우고 1인당 12만 원 하는 식당에 초대하여 대접하고 그들의 귀가까지 챙겼다. 그는 시련을 대수롭지 않게 여기며 이렇게 말하곤 했다.

"기회는 왔을 때 잡아라. 잡지 않아도 살아가는 데 지장은 없지만 살모사, 전갈 등 어이없는 쓰레기들한테 밟힐 수가 있으니 그들을 제압하는 정도는 힘은 키워야 한다."

그는 여전히 이 땅에 살아 계시다. 나는 그의 '당당하고 정확한 말'에 힘을 받아 얻은 것이 있다. 공무원 중 최초로 기독교상담 박사 과정을 수료했고, 교육행정 공무원 중 최초로 경일협 회장을 3년이나 경험했으며, 대한민국의 동기면담 훈련가 21명 중 한 사람이 되었다. 모두 당당하고 정확한 말의 힘 덕분이다.

"말을 할 때 말이야, 이렇게 해. 아무리 듣는 사람이 많아도 쫄 거 하나도 없어. 엄지발가락에 힘을 주고 청중 중 제일 뒤에 졸고 있는 사람 있잖아. 그의 눈을 장악해. 그러면서 그 사람에게 말한다 생각하고 당당히 말해."

이는 1,500여 명의 공무원들 앞에 서야 하는 긴장된 순간에 박상백 멘토가 내게 해준 말씀이다.

살찌고 윤나는 사람들의 말을 부러워하지 말자. 가장 볼품없다는 생각이 들 때 당당하고 정확하게 마음을 전달하자. 심지어 세상에 미안해질 만큼 볼품없이 느껴질 때도 당당하고 정확하게 외치자.

"아직 게임이 끝나지 않았다. 이 게임은 내가 결정한다!"

일찍이 걸작의 선봉 박노해 시인은 '도토리 두 알'이라는 시에서 이렇게 말했다.

'크고 윤나는 도토리는 멧돼지나 청설모에게나 중요하다. 볼품없는 도토리야 울지 마라. 너는 땅에 묻혀 참나무가 되리니.'

당신은 당신이 인생의 주인공임에 동의하는가? 그렇다면 지금부터 세상에 당신의 마음을 전달하자, 당당하고 정확하게!

말하는 방법만 바꿔도
인생이 달라진다

소통 전략가 프랭크 런츠는 말했다.

"당신의 말이 곧 당신이다. 당신이 곧 당신의 말이다."

생각 하나를 머리 위로 띄워보자. 인생을 바꾸는 일, 그것은 '말하는 방법'의 문제다.

사회의 한 모퉁이에서 지위를 얻고, 사람들의 그렇고 그런 평판을 얻고, 영향력을 행사하는 인물이 되었지만, 기쁨이 없다면? 당신의 말을 돌아보자. 어디서부터 잘못되었는지, 세상 무엇과도 바꿀 수 없는 당신의 성품이 어떤 경로로 형성되었는지 살펴보는 것이다.

지금 이 순간, 당신 인생에서 바꾸고 싶은 것이 있다면 우선 말하는 방법을 살피자. 나는 이를 '걸작 10계명'이라고 부른다. 이는 내가 동기면담 훈련가로서 사람을 도울 때 기준으로 삼는 것이다. '걸작 10

계명'은 다음과 같다.

1. **목적(사명)** : 말하는 목적이 분명한가? 말하는 목적이 분명한 사람은 삶의 목적이 분명한 것과 연결된다. 잠시의 주저함도 없이 결단하고 행동으로 실천할 목표가 있는가? 나는 그것을 욕망이라 부른다. 욕망은 행동 실천의 출발점이다.

2. **어떻게(실존)** : 대화를 하는 데에서 과거의 역사와 미래의 미스터리 대신 지금 여기서의 현재, 즉 선물을 정확히 인식하는가? 당신은 존재하지 않는 과거와 미래를 거론하며 장황하게 말하지 않고 당당하고 정확하게 지금 여기를 말하는가?

3. **평판(겸손)** : 사람들은 당신을 겸손한 사람으로 보는가? 당신이라는 인물을 거론하면 사람들은 "그 사람과 만나면 기분이 좋아져", "그분을 보고 싶어요", "그분이 궁금해요" 하는 식으로 말하는가?

4. **시련(감사)** : 시련이 닥쳤을 때도 말하는 태도에 여유가 있으며 그 시련을 감사히 받아들이는가? 당신은 닥친 시련을 기꺼이 당신의 선물로 받아들이는가? 시련을 축복의 징표로 받아들여 감사하는가? "기회를 주셔서 감사합니다"라고 말할 수 있는가?

5. **감동(기본, 핵심)** : 당신은 기본에 충실한가? 거리 환경미화원의 청결, 맛집의 간결함처럼 그로 말미암아 꿈이 당신을 선택하게 하는가? 낮고 보잘것없어 보이는 사람에게서도 빛을 발견하며 예외 없이 "와! 감동이야" 하며 눈물 흘리는 사람인가? 혹은 감동을 줄 수 있는 말 한마디, "당신은 괜찮은 사람이에요"를 주저 없이 하는 사람인가?

6. **나눔(배려)** : 당신은 배려하는 말을 하는 사람인가? "자리가 좁아 불

편하셨죠?", "아침 일찍 죄송합니다", "어제 쓰레기 말끔히 치우시느라고 얼마나 수고하셨어요? 감사드려요" 등등의 말을 사람들에게 건네는가? "먼저 하세요. 저는 괜찮습니다" 같은 말을 편히 할 수 있는가?

7. 협동(같이의 가치) : 당신은 함께하는 말을 할 수 있는 사람인가? 불의를 보았을 때 "우리 함께합시다. 제가 함께하겠습니다. 파이팅!" 하고 스스럼없이 말할 수 있는가? "힘드시죠? 제가 힘이 되어 드릴게요"라고 용기 있게 말할 수 있는가?

8. 통찰(사람의 차이에 대한 깨달음) : 당신은 차별보다 차이를 인정하는가? 사람마다의 성품은 세상의 유일한 '걸작'이라는 사실을 각성했는가? 무엇보다 당신이 '걸작'이라는 사실을 알고 있는가? 그 사실을 알아채지 못한 사람은 '당신 한 사람'뿐임을 느끼는가? 혹여 당신이 '걸레'라고 일컬어지는 사람을 만났다면, 당신은 끝내 그의 동기에 집중하여 도와줄 수 있는가? 협동, 수용, 동정, 유발의 정신을 가지고 그를 돕는가?

9. 최선(탁월) : 당신은 최선을 다하여 말하는 사람인가? "말씀 잘 들었습니다. 더 하실 말씀은 없으신지요?" 하며 경청에 최고를 지향하면서 말하는 데 최선을 다하는 사람인가? 사실, 세상에 최고는 존재하지 않는다. 최고는 최선 중 하나에 불과하다. 최선을 다하여 말하는 사람은 언제나 한계를 뛰어넘어 탁월한 성취를 얻는다. 당신은 그런 사람인가?

10. 기도(성취) : 당신은 항상 통성으로 기도하는 사람인가? '감사와 용서의 기도'를 매일 챙기는가? 하루가 저물어 잠자리에 들기 전 하루의 일상들에 감사하고, 당신의 말에 상처받았을지 모를 누군가를 위해 용서를 구하는 시간를 갖는가?

당신은 이 중 몇 가지에 해당하는가? 답은 당신이 알고 있다. 일부는 있고 일부는 없는 99퍼센트의 답을 원하지 않는다. 당신이 뼛속까지 들여다보고 느껴본 결과 '예', '아니오'로 분명하게 말할 수 있는 것은 몇 가지인가? 몇 개를 가지면 걸작이라 생각하는가? 답해보자.

- 나는 걸작 10계명 중 ○○개가 있다. 그것은 (　　)이다.
- 나는 걸작 10계명 중 ○○개가 있으면 걸작이라 생각한다.

달라진 인생을 향한 '당신의 첫 마디'를 응원한다. 나는 열 가지 덕목 중 단 한 가지도 없었다. 과거는 슬프고 미래는 그야말로 미스터리였으며 하루하루를 그저 견디며 살아왔다.

초등학교 시절은 아버지 때문에 말을 잊었다. 초등학교 3학년 때부터인가 시력을 잃어가던 아버지는 매우 신경질적이었다. 장기를 어깨너머로 지켜보던 나는 장기 두는 법을 배우고 싶었다. 그래서 아버지에게 장기 두는 법을 가르쳐달라고 부탁했다. 아버지는 "네까짓게 무슨 장기냐" 하면서 장기판을 꺼냈다. 아버지는 항상 그런 말투였다. 상대를 일거에 제압하는 말을 쏘아붙여 전의를 상실시킨 후 당신이 원하는 것을 적선하듯 제공하는 식이었다. 장기를 가르치는 태도도 마찬가지였다. 말 한 개 한 개의 행보를 가르쳐주지 않고 대뜸 당신의 장기판 한쪽 면을 확 쓸어버린 후 "이 상태에서 가르쳐주겠다"고 했다. 그때 느낌으로는 '너는 평생 배워도 아비는 이기지 못한다'는 태도였다. 엄청난 지청구를 듣고 눈물을 질금거리며 장기를 배우던 시절, 그럼에도 그 시절이 미치도록 그리울 때가 많다. 세상을 볼 수 있고 아들을 볼 수 있는 아버지에 대한 마지막 추억이니까.

아버지는 그 후 점점 더 시력을 잃어갔다. 내가 6학년 즈음에는 "햇빛이 보이지 않는다"고 했다. 아버지의 실명으로 농사일은 고스란히 어머니의 몫이었다. 동네에서 색시로 통하던 어머니는 3년이 넘게 땅이 꺼질 듯한 한숨 소리와 함께 "저 원수가 볼 수만 있다면" 하고 말씀하셨다. 아버지는 실명으로 인한 스트레스와 합병증으로 돌아가셨다. 어머니는 10년 세월을 아버지의 시력 회복을 위해 병수발하며 농사일을 도맡다가 지쳐 쓰러지셨다.

선산에 부모님을 묻고 객지로 떠나는 차 안에서 나에게 가장 필요했던 것은 '위로의 말 한마디'였다. 나는 울적한 마음을 '글짓기'로 달래며 학창 시절을 보냈다. 고등학교 시절 독일어 선생님의 "저 학생은 뭘 해도 잘할 수 있다"는 말씀을 들을 때까지 20여 년간 나는 힘이 되는 말을 들어보지 못했다. 나는 선생님의 위로 한마디로 말문을 텄다. 그때 장원을 했던 글짓기 내용이 어머니의 무덤 앞에서 '내가 듣고 싶었던 말'에 대한 것이었다.

그 후 나는 구미, 인동, 북삼, 대구, 경산 등지로 이어지는 객지생활을 했다. 나는 말하는 방법과 태도를 바꾸어 살아 있는 말을 세우면 그게 현실이 된다는 사실을 깨달았다. 힘들고 지칠 때는 거울을 보고 "그래, 나는 뭘 해도 잘할 수 있는 사람이다!"라고 외쳤다. 그리고 우연히 '말하기 관련 책'을 보고 '말'이 생명체처럼 살아 움직인다는 사실을 깨닫게 되었다. 나는 이제까지 가슴 한가운데 '살아 있는 말'을 키우며 살아왔다. 이 말들이 지금의 나를 움직인다. 나의 살아 있는 말은 다음과 같다.

첫째, 장정일이 말한 것처럼 동사무소 공무원이 되어 9시에 출근하고 6시에 퇴근하여 발 씻고 침대에 누워 책을 산더미처럼 쌓아놓고 새벽 2시까지 읽으며 살자.

둘째, 〈유 콜 잇 러브〉의 소피 마르소 같은 아내를 만나 3층짜리 집에서 살자.

셋째, 아이들은 여명이, 중천이, 노을이라고 지어 세상을 밝게 비추는 해처럼 살게 하자.

넷째, 강연을 통해 천 명이 넘는 사람들 앞에서 감동의 눈물을 흘리게 하자.

다섯째, 마음의 감옥에 갇힌 이웃 열 명을 구출하여 그들의 경험담을 사람들에게 전파하자.

여섯째, 공부를 멈추지 않고 하여 계속 퍼주어도 다시 채워지는 '마르지 않는 샘물'이 되자.

일곱째, 아낌없이 주는 나무, 나는 자유다. 내 한계는 내가 선택하자.

여덟째, 선한 영향력을 행사하는 사람이 되자.

아홉째, 인생의 후반기에는 매년 한 권의 책을 써서 감동과 재미를 주자.

열째, 그렇게 걸작이 되어 걸작 10계명의 전도사가 되자.

이 말들 중 네 개는 이미 현실이 되었고 여섯 개는 매일 진행 중이다.

당신의 인생을 바꾸고 싶다면 말하는 방법을 바꾸자. 작가 루이스 헤이는 말했다.

"마음으로 생각하거나 입으로 말하면 이루어진다."

말은 자신의 의지를 선포하는 의미가 있다. 그래서 무의식중에 하는 말일지라도 심장에 붙어 살아 숨 쉬게 된다. 선포할 때마다 말은 살아서 움직인다. 그 사람이 하는 말을 들어보면 그가 어떤 인물인지 알 수 있다. 과연 걸작인지, 아니면 오래 두고 빨아내야 할 때 묻은 걸레인지 말이다.

말하는 방법을 바꾸자. 그러면 인생이 정말로 달라진다.

말주변이 없어도
대화 잘하는 법

개정판 1쇄 인쇄 2024년 1월 2일
개정판 1쇄 발행 2024년 1월 12일

지은이 | 김영돈
펴낸이 | 전영화
펴낸곳 | 다연
주　소 | 경기도 고양시 덕양구 의장로 114, 더하이브 A타워 1011호
전　화 | 070-8700-8767
팩　스 | 031-814-8769
메　일 | dayeonbook@naver.com

본　문 | 미토스
표　지 | ㊖

ⓒ 김영돈

ISBN 979-11-90456-53-1 (03320)